Inhalt

AF198389

Peter Zimmerling

HIRTE, MEISTER, FREUND

Überrascht von der Seelsorge Jesu

BRUNNEN
Verlag GmbH · Giessen

Bibelstellen folgen der Lutherbibel, revidiert 2017, © 2016 Deutsche Bibelgesellschaft, Stuttgart.

Bildnachweise:
S. 31: Der Gute Hirte, Calixtus-Katakomben, gemeinfrei.
S. 32: Der Gute Hirte, Mausoleum der Galla Placidia in Ravenna, gemeinfrei.
S. 33: Ikone „Christus und Abbas Menas", Louvre, gemeinfrei.
S. 34: Imervard-Kreuz, Braunschweiger Dom (Romanik), ©„Ev.-luth. Domkirche St. Blasii zu Braunschweig
S. 34: Christus am Kreuz (Gothik), © Zwiebackesser/Adobe Stock
S. 35: Christus-Statue, Altar der Dresdener Frauenkirche, © Philip Enticknap/Adobe Stock
S. 36: Christus im Stil der „Nazarener", Richard Mayer, Creative Commons Attribution 3.0 Lizenz.

3. Auflage 2024

© der deutschen Ausgabe:
2022 Brunnen Verlag GmbH, Gießen
Lektorat: Uwe Bertelmann
Umschlagfoto: James Ross/stocksy.com
Umschlaggestaltung: Jonathan Maul
Satz: DTP Brunnen
Druck: CPI books GmbH, Leck
Gedruckt in Deutschland
ISBN Buch 978-3-7655-2123-2
ISBN E-Book 978-3-7655-7633-1
www.brunnen-verlag.de

Stimmen zu diesem Buch

„Der Autor greift ein wenig behandeltes, aber aktuelles Thema auf. Jesus als Seelsorger ohne Methode ist ‚nächstenorientiert' und erreicht darum den heutigen Christen in seiner Einsamkeit, Selbstgewissheit, in seinem Versagen an dem armen, bedrängten, verfolgten Mitmenschen. Dieses Buch hilft uns, Jesus als Mitmensch neu zu sehen und weckt die Lust zu eigenen Entdeckungen in der heiligen Schrift."
Dr. Dietrich Meyer, Archivdirektor a.D., Herrnhut

„Unter dem Druck zu fachlich-therapeutischer Kompetenz und professioneller Spezialisierung wird oft die Grundorientierung der christlichen Seelsorge vernachlässigt: in allen Herausforderungen den Spuren der Seelsorge Jesu zu folgen. Peter Zimmerling zeichnet dazu sachkundig und eindrucksvoll markante und auch heute relevante Schlüsselereignisse und Worte des ‚Seelsorgers Jesus' nach, wie sie in den Evangelien berichtet werden."
Prof. emeritus Dr. Wolfgang Ratzmann, Leipzig

„‚Jesus, der Seelsorger ohne Methode', das ist ein Versprechen dieses Buches, das mich sofort angesprochen und herausgefordert hat."
Pfarrer Michael Wacker, Haus der Stille, Weitenhagen bei Greifswald

„Jesus begegnet Menschen aller gesellschaftlicher Schichten von ausgestoßenen Ärmsten bis zu höchsten Würdenträgern und Machthabern. Stets hat er den Einzelnen im Blick und lässt sich nicht von Konventionen einschränken. Er sprengt Grenzen und Erwartungen und überrascht durch seine Zugewandtheit zu den Menschen. Peter Zimmerling ist es gelungen, ein Portrait von Jesus zu zeichnen, in dem diese Züge Kontur gewinnen. Darin seelsorgliches Handeln zu entdecken, hat mir eine neue Sichtweise eröffnet."
Michael Wolf, Offensive Junger Christen, Reichelsheim im Odenwald

Vorwort

Trotz Säkularisierung – vor allem in den westlichen, ursprünglich christlichen Ländern – ist Jesus die Person der Weltgeschichte, die bis heute das meiste Interesse auf sich zieht. Kein Jesus-Film, der nicht Millionen von Zuschauerinnen und Zuschauern in die Kinos lockte, und kein noch so schräges Jesus-Buch, das nicht seine Leserinnen und Leser fände. Das Christentum ist die Religion mit den weltweit meisten Anhängern. In seinem Zentrum steht der Glaube an Jesus als den von Gott gesandten Erretter der Welt. Selbst Muslime sind überzeugt, dass Jesus ein großer Prophet war, der im Namen Gottes zur Welt gesprochen hat. Auch Vertreter des Judentums haben in den Jahrzehnten nach dem Zweiten Weltkrieg Jesus als Bruder für sich entdeckt.[1]

Nur selten wurde in den letzten 100 Jahren das Wirken Jesu aus der Perspektive der Seelsorge betrachtet (Näheres hierzu findet sich im Anhang „Jesus als Seelsorger – Ein weithin unerforschtes Feld", in dem auch die Frage der Zuverlässigkeit der Jesus-Überlieferung angesprochen wird). Zweifellos erschöpft sich seine Bedeutung für die Menschheit nicht in seinem seelsorglichen Handeln. Ich hoffe dennoch, zeigen zu können, dass es sich lohnt, Jesus unter dem Blickwinkel anzuschauen, wie er Menschen seelsorglich begegnet ist, weil er uns darin in besonders menschlicher – und, wie ich finde, sehr sympathischer – Weise vor Augen tritt. Viele Zeitgenossen stehen den traditionellen dogmatischen Aussagen über Jesus als dem Sohn Gottes distanziert gegenüber und können mit den altkirchlichen philosophisch-abstrakten Bestimmungen über die Zuordnung von Göttlichkeit und Menschlichkeit Christi wenig anfangen. Die Frage nach Jesus als Seelsorger legt dagegen den Fokus auf seinen Umgang mit anderen Menschen: mit Verwandten, Freunden und Gegnern, Frauen und Männern, Reichen und Armen, Kranken und Gesunden, politisch Einflussreichen und am Rand der Gesellschaft Befindlichen, Juden und Ausländern.

Dadurch besteht die Chance, frei von dogmatischen Bestimmungen, die notwendigerweise abstrakt sind, seiner Bedeutung für uns heute auf einem selten begangenen Weg näherzukommen. Auf diese Weise eröffnen sich unbekannte, mindestens aber vernachlässigte, Perspektiven auf die Person und das Wirken Jesu.

Der bekannte Christ und Theologe Dietrich Bonhoeffer (1906–1945), der wegen seiner Mitwirkung am Widerstand gegen Hitler kurz vor Kriegsende hingerichtet wurde, schrieb aus dem Gefängnis, dass ihn die Frage umtreibe, wer Jesus Christus für uns heute eigentlich sei.[2] Er kommt zu dem Ergebnis, dass er „der Mensch für andere"[3] ist. Bonhoeffer bringt hier die Bedeutung von Jesus für moderne, dem christlichen Glauben entfremdete, Menschen unabhängig von abstrakten dogmatischen Begriffen zum Ausdruck. Durch die leicht verständliche Formulierung wird die Hürde, sich mit Jesus zu beschäftigen, niedrig gehalten. Ähnliches gilt für die Beschäftigung mit Jesus als Seelsorger: Sie zeigt ihn in seiner tiefen Menschlichkeit, geradezu idealtypisch „als Mensch für andere".

Damit soll nicht bestritten werden, dass Jesus von Nazareth sich schon zu seinen Lebzeiten von anderen Menschen unterschied. Ein besonderer Glanz lag auf dem Leben dieses Mannes. Ihn umgab ein Geheimnis. In seinem seelsorglichen Handeln wird einerseits seine Menschlichkeit sichtbar, andererseits erscheint er ganz anders und unvergleichlich. Daran schieden sich schon damals die Geister: Während seine Anhänger von seiner göttlichen Sendung überzeugt waren, lehnten seine Gegner sie ab. Jesus löste durch seine Predigten und Wundertaten in Galiläa eine Volksbewegung aus. Viele Männer und Frauen Israels erkannten in ihm den von Gott verheißenen Befreier aus Unrecht und Unterdrückung. Menschen, die an ihrem Leben verzweifelten, erfuhren durch ihn Vergebung und bekamen eine zweite Chance. Andere wurden durch seine ungewöhnlichen Heilkräfte überzeugt: „Er hat alles wohl gemacht; die Tauben macht er hören und die Sprachlosen reden" (Markus 7,37). Selbst sein Sterben am Kreuz vermochte den Glanz, der auf dem Leben Jesu lag, nicht völlig auszulöschen. Der römische Hauptmann, der Jesu Kreuzigung überwachte, rief angesichts seines Sterbens aus: „Wahrlich, dieser ist Gottes Sohn gewesen" (Matthäus 27,54). Der göttliche Glanz hatte auch seinen engeren Jüngerkreis, die sogenannten 12 Apostel, ergriffen. Darum gaben sie ihr bürgerliches Leben auf und begleiteten Jesus auf seinen Evangelisationsreisen zu Fuß durch Israel. Nach Ostern wurden sie in der ganzen damals bekannten Welt zu Zeugen seiner Auferstehung. Ich wünsche mir, dass die Leserinnen und Leser sich von ihrem Beispiel inspirieren lassen.

Vorformen des Buchmanuskripts habe ich mit theologischen Weggefährten und geistlichen Freunden diskutiert. Für Anregungen und Verbesserungsvorschläge habe ich vor allem zu danken: Dietrich Meyer, Wolfgang Ratzmann, Johannes Schütt, Michael Wacker und Michael Wolf. Margitta Berndt hat wie gewohnt die Endkorrektur übernommen: ganz herzlichen Dank auf dafür. Die Zusammenarbeit mit Uwe Bertelmann vom Brunnen Verlag war auch diesmal höchst erfreulich.

Leipzig und Potsdam im Herbst 2021   Peter Zimmerling

Vorwort zur 3. Auflage 2024

Erfreulich, dass in so kurzer Zeit eine weitere Auflage nötig ist. Ursprünglich hatte ich angenommen, dass das Buch vor allem von ganz normalen Gemeindegliedern gelesen werden würde. Inzwischen hat sich herausgestellt, dass es auch bei Menschen auf Interesse stößt, die in der christlichen Seelsorge tätig sind. Vielleicht stellen meine Überlegungen nach jahrelanger Betonung der psychologischen und therapeutischen Dimension ein notwendiges Gegengewicht auf dem Weg zu einer stärker spirituell orientierten Seelsorge dar.

Leipzig, im Frühjahr 2024   Peter Zimmerling

1. Jesus, der Seelsorger ohne Methode

1.1 Die Seelsorge Jesu: individuell, vielfältig und paradox

Etwas provozierend könnte man sagen: Jesus hatte überhaupt keine bestimmte seelsorgliche Methode, sondern begegnete den Menschen mit der größten individuellen Vielfalt.[4] Beim Lesen der Evangelien fällt zuallererst die große Unterschiedlichkeit, ja Gegensätzlichkeit auf, mit der Jesus Menschen seelsorglich begegnet ist.

Dieses Charakteristikum der Seelsorge Jesu zeigt sich schon in den ganz unterschiedlichen Forderungen, die er an Menschen stellt. Die Mitglieder des Zwölferkreises fordert er auf, Familie und Beruf zurückzulassen und ihn auf seinen Wegen durch Palästina zu begleiten (vgl. z. B. Markus 1,16-20). Der durch Jesus geheilte Gerasener will von sich aus in den Jüngerkreis eintreten und den Alltag fortan mit Jesus teilen. Das wird ihm jedoch verwehrt: „Aber er ließ es ihm nicht zu, sondern sprach zu ihm: Geh hin in dein Haus zu den Deinen und verkünde ihnen, welch große Dinge der Herr an dir getan und wie er sich deiner erbarmt hat" (Markus 5,19).

Als Jesus den Zollbeamten Zachäus besucht, verspricht dieser, die Hälfte seines Besitzes den Armen zu geben und die, die er betrogen hat, vierfach zu entschädigen (Lukas 19,1-10). Er ist sicherlich auch danach noch ein vermögender Mann geblieben. Nirgendwo findet sich ein Wort, dass Jesus von ihm verlangt hätte, seinen ganzen Besitz wegzugeben. Vom reichen Jüngling fordert er dagegen: „Eines fehlt dir. Geh hin, verkaufe alles, was du hast, und gib's den

Armen, so wirst du einen Schatz im Himmel haben, und komm, folge mir nach!" (Markus 10,21).

Einerseits sind die Evangelien voll von ungewöhnlichen Wunderberichten. Jesus erweckte die Tochter des Jairus (Markus 5,21-43), den Sohn der Witwe von Nain (Lukas 7,11-17) und seinen Freund Lazarus vom Tod (Johannes 11,1-45), um drei herausragende Wundererzählungen zu nennen. Jesus weist seine Zuhörer sogar selbst auf die positive Bedeutung seiner Wunder für den Glauben hin: „Die Werke, die ich tue in meines Vaters Namen, die zeugen von mir" (Johannes 10,25; vgl. auch V. 38). Oder einige Kapitel später: „Glaubt mir, dass ich im Vater bin und der Vater in mir; wenn nicht, so glaubt doch um der Werke willen" (Johannes 14,11). Andererseits weist Jesus die Zeichenforderung der Pharisäer und Schriftgelehrten, die seinen Anspruch, der Messias zu sein, ablehnen, entschieden zurück: „Ein böses und ehebrecherisches Geschlecht fordert ein Zeichen, und es wird ihm kein Zeichen gegeben werden außer dem Zeichen des Propheten Jona. Denn wie Jona drei Tage und drei Nächte im Bauch des Fisches war, so wird der Menschensohn drei Tage und drei Nächte im Herzen der Erde sein" (Matthäus 12,39f).

Jesus führt die Samariterin in einem längeren Gespräch am Jakobsbrunnen mit großer Geduld zur Erkenntnis, dass er der Messias ist. Ihre Begegnung gipfelt in den Worten: „Spricht die Frau zu ihm: Ich weiß, dass der Messias kommt, der da Christus heißt. Wenn dieser kommt, wird er uns alles verkündigen. Jesus spricht zu ihr: Ich bin's, der mit dir redet" (Johannes 4,25f). Die Frau glaubt an ihn und legt in ihrer Heimatstadt von seinem Messias-Sein Zeugnis ab.

Vollkommen anders verläuft das Gespräch, das Jesus im gleichen Evangelium mit dem Skeptiker Pontius Pilatus führt. Jesus deutet seine Messianität nur in verhüllter Weise an: „Mein Reich ist nicht von dieser Welt. ... Wer aus der Wahrheit ist, der hört meine Stimme. ... Du hättest keine Macht über mich, wenn es dir nicht von oben gegeben wäre" (Johannes 18,36f; 19,11). Pilatus bleibt in seiner skeptischen Weltsicht gefangen: „Was ist Wahrheit?" (Johannes 18,38).

Auf der einen Seite verkündigt Jesus die Liebe Gottes ohne Vorbedingungen und Vorleistungen. Das Gleichnis vom verlorenen Sohn (Lukas 15) ist dafür das eindrucksvollste Beispiel. Auch die gemeinsamen Mahlzeiten, die Jesus mit Wirtschaftskriminellen und Prostituierten einnimmt, dokumentieren diese Liebe auf anschauliche Weise. Auf der anderen Seite fordert Jesus von Menschen, die ihm nachfolgen wollen, klare Entscheidungen. Der schon erwähnte reiche Jüngling steht beispielhaft dafür. Ein anderer Mann möchte, bevor er Jesus nachfolgt, erst seinen Vater begraben. Jesu Antwort: „Lass die Toten ihre Toten begraben; du aber geh hin und verkündige das Reich Gottes!" (Lukas 9,60). Der Ruf in die Nachfolge duldet keinen Aufschub!

Einerseits bringt Jesus Frieden mit Gott, mit sich selbst und mit den Mitmenschen: durch das Angebot, Schuld bedingungslos zu vergeben, durch Heilung von inneren und äußeren Verletzungen und durch eine neue Ethik, wie er sie in der Bergpredigt entfaltet. Vom Gerasener, der von einer Legion unreiner Geister besessen war, heißt es, nachdem Jesus ihn befreit hatte, dass er „bekleidet und vernünftig" dasaß (Markus 5,15). Andererseits zerstört Jesus falsche Harmonie, entlarvt schonungslos Selbstsucht, Selbstgerechtigkeit, Selbsttäuschung, Selbstbetrug und Heuchelei. Mit schneidenden Worten deckt er falsche Handlungsweisen auf, die in Tod und Verderben führen. Die Verkäufer, Käufer, Geldwechsler und Taubenhändler treibt er aus dem Jerusalemer Tempel hinaus und stößt deren Tische und Stände um mit der Begründung, dass der Tempel Gottes keine Räuberhöhle, sondern ein Bethaus sei (Matthäus 21,12-17). Jesus ist kein „erbarmungslos verständnisvoller" Seelsorger!

An vielen Stellen in den Evangelien wird von der Vollmacht berichtet, mit der Jesus alle Menschen von Krankheiten heilte und aus Bindungen befreite. Im Gegensatz dazu wird in Markus 6,4f ausdrücklich festgehalten, dass Jesus in seiner Heimatstadt Nazareth *nichts* tun konnte: „Jesus aber sprach zu ihnen: Ein Prophet gilt nirgends weniger als in seinem Vaterland und bei seinen Verwandten und in seinem Hause. Und er konnte dort nicht eine einzige Tat tun ..." (Markus 6,4-5).

Auf der einen Seite lädt Jesus Menschen mit warmherzigen Worten in seine Nachfolge ein, um sich von ihm erquicken zu lassen: „Kommt her zu mir, alle, die ihr mühselig und beladen seid; ich will euch erquicken. ... denn ich bin sanftmütig und von Herzen demütig" (Matthäus 11,28f). Auf der anderen Seite kündigt er einzelnen Menschen, Gruppen und ganzen Städten das Gericht Gottes, Vernichtung und Tod, an: „Da fing er an, die Städte zu schelten, in denen die meisten seiner Taten geschehen waren; denn sie hatten nicht Buße getan: Wehe dir, Chorazin! Weh dir, Bethsaida! ... Und du, Kapernaum, wirst du bis zum Himmel erhoben werden? Du wirst bis zur Hölle hinabfahren" (Matthäus 11,20-24).

Wie ist diese Unterschiedlichkeit der seelsorglichen Begegnung mit seinen Zeitgenossen zu erklären? Der Mensch ist mithilfe der Logik des Aristoteles nicht zu erfassen, die davon ausgeht, dass wo ein Widerspruch ist, keine Wahrheit sein kann. Das Wesen des Menschen ist unendlich komplizierter! In der Seelsorge Jesu kommt das menschliche Leben in seiner ganzen Komplexität zur Sprache. Seine seelsorglichen Interventionen sind so paradox, wie das Leben komplex ist. Deshalb lässt sich seine Seelsorge weder methodisch noch inhaltlich auf einen Nenner bringen.[5]

Hinter der Paradoxität der Seelsorge Jesu steht eine Auffassung vom Menschen und von Gott, die selbst von großen Paradoxien geprägt ist. Einerseits wagt Jesus es, den Menschen in seiner ganzen Abgründigkeit anzuschauen und seine Verstrickung in Sünde, Tod und Teufel ungeschminkt beim Namen zu nennen. Seine Sicht reicht bis in die dämonischen Abgründe des Menschen hinab. Andererseits würdigt Jesus seine Fähigkeit, zu lieben und Verantwortung zu übernehmen. Der Blick in die Abgründe soll den Menschen weder kleinmachen noch entmündigen. Im Gegenteil: Die ungeschminkte Sicht der Wirklichkeit ist Voraussetzung für ein

Leben in der Freiheit der Kinder Gottes. Indem Jesus beim Zöllner Zachäus einkehrt und dieser Wiedergutmachung leistet, erhält er seine menschliche Würde zurück: „… denn auch er ist ein Sohn Abrahams" (Lukas 19,9).

Auch im Rahmen seines Gottesverständnisses denkt Jesus in großen Paradoxien. Gott ist für ihn kein „lieber Gott". Der „liebe Gott" ist eine Wunschvorstellung, die in keiner Weise der Wirklichkeit standhält und für die gegenwärtige Abwendung vieler Menschen vom christlichen Glauben mitverantwortlich ist. Für Jesus ist Gott zwar ein liebender Vater, wie an seiner Anrede „Abba" erkennbar wird. Aber ebenso rechnet er mit dem Zorn und der Konsequenz Gottes im Kampf gegen die Sünde und die lebenszerstörenden Mächte des Bösen.

Hinter der Unterschiedlichkeit des seelsorglichen Handelns Jesu steht außerdem seine Einsicht in die menschliche Individualität. Jeder Mensch muss aufgrund seines besonderen Charakters und Werdegangs anders behandelt werden. In der Seelsorge gibt es deshalb keine wiederkehrenden „Fälle". Dazu kommt noch die jeweils besondere Lebenssituation, in der sich jeder Mensch befindet: Unterschiedliche äußere Umstände machen ein gegensätzliches seelsorgliches Vorgehen notwendig. Schließlich hängt die Vielfalt seelsorglichen Vorgehens mit dem Ziel der Seelsorge Jesu zusammen. Wie die Bergpredigt zeigt, möchte er Menschen in ein „hohes, sorgloses Leben in Gott"[6] hineinziehen: „Darum sage ich euch: Sorgt euch nicht um euer Leben, was ihr essen und trinken werdet; auch nicht um euren Leib, was ihr anziehen werdet. … Denn euer himmlischer Vater weiß, dass ihr all dessen bedürft" (Matthäus 6,25a.32b). Um dieses Ziel zu erreichen, sind bei jedem Menschen verschiedene Mittel und Wege nötig.

1.2 Die Seelsorge Jesu als Blaupause für seelsorgliches Handeln heute?

Jesu Seelsorge zu imitieren, verbietet sich schon deshalb, weil jede Seelsorgerin und jeder Seelsorger genau wie jede und jeder Seelsorgesuchende eine eigenständige und unverwechselbare Persönlichkeit ist. Allein aus diesem Grund eignen sich die Seelsorgegeschichten der Evangelien nicht als Blaupause für heutiges seelsorgliches Handeln. Dazu kommt, dass Jesus keine spezielle Seelsorgemethode entwickelt hat, sondern gerade als „Seelsorger ohne Methode" charakterisiert werden kann. Überdies besaß Jesus als der von Gott gesandte Messias seelsorgliche Vollmachten und Fähigkeiten, die ungetrübt von Sünde und Schuld waren. Das Neue Testament betont zwar, dass Jesus wirklich Mensch, also kein Übermensch war (Johannes 1,14). So heißt es vom jugendlichen Jesus ausdrücklich, dass er an Weisheit zunahm (Lukas 2, 52), d. h. die ganz normalen menschlichen Reifungsprozesse durchlief. Gleichzeitig wird aber festgehalten, dass er nicht gesündigt hat (Hebräer 4,15). Seine Seelsorge war daher nicht wie jede andere menschliche Seelsorge durch Projektionen, Fehleinschätzungen, Unaufmerksamkeit oder mangelnde Empathie gefährdet. Dazu kommt, dass die von Jesus vollbrachten Wunder messianischen Charakter besaßen und ihn als Messias ausweisen sollten. Johann Christoph Blumhardt sprach zu Recht von den „Reichswundern" Jesu.[7] Vor allem ist Jesus als der auferstandene Gekreuzigte, der lebt und gegenwärtig ist, in jedem Seelsorgegespräch bis heute das eigentliche Subjekt der Seelsorge. Er ist der unsichtbare Dritte, der zwischen dem Seelsorgesuchenden und dem Seelsorger steht. Als Mittler zwischen beiden sorgt er dafür, dass die seelsorgliche Begegnung gelingt. Jesus ist daher nicht einfach als der erste am Anfang einer langen Kette christlicher Seelsorger zu verstehen. Die Seelsorge Jesu, wie sie uns in den Evangelien vor Augen tritt, kann deshalb nur bedingt als Vorbild für heutige Seelsorge dienen. Vielmehr geht es darum, sie in reflektierter Weise als Impulsgeberin und Maßstab für heutige Seelsorge zu gewinnen. Ziel ist eine Seelsorge, die vom seelsorglichen Handeln Jesu, wie es in den Evangelien erkennbar wird, inspiriert und korrigiert wird.

Um aus der Seelsorge Jesu, wie sie in den Evangelien gezeichnet wird, Inspirationen und theologische Kriterien für die heutige christliche Seelsorge gewinnen und die Impulse auf unsere Situation heute übertragen zu können, müssen wir uns *einerseits* bewusst machen, dass das *Wesen des Menschen*, seine Beziehungen und seine Stellung vor Gott durch die Zeiten hindurch gleich geblieben sind. Das gibt den Seelsorgegeschichten der Evangelien die Bedeutung von klassischen Texten. Sie beschreiben den Menschen einschließlich seiner Konflikte paradigmatisch. *Andererseits* war der gleiche *Geist Gottes* in der Seelsorge Jesu am Werk, der bis heute in der christlichen Seelsorge wirkt.

In inhaltlicher Hinsicht liegt die Inspirationskraft der Seelsorge Jesu für heutiges seelsorgliches Handeln in der bedingungslosen Annahme des Sünders. Daher rührt ihre besondere Kraft. Die Reformation hat dieses besondere Merkmal der Seelsorge Jesu in ihrer Lehre von der Rechtfertigung allein aus Gnade wiederentdeckt. Außerdem besaß die Seelsorge Jesu nach den Evangelien eine nicht zu unterschätzende Kraft, dem Bösen und Zerstörerischen zu widerstehen. Zu ihr gehörte die Dimension des Außergewöhnlichen. Sie zeichnete sich durch außergewöhnliche Charismen und Wunder aus. Darin stellt sie eine Provokation für die traditionelle kirchliche Seelsorge dar. Erst durch die Brille einer jahrtausendealten kirchlichen Tradition gelesen, haben die Seelsorgeerzählungen der Evangelien ihre Anstößigkeit verloren. Diese Erkenntnis ist wichtig, weil sie uns helfen kann, sensibel zu werden für das kritische Potenzial dieser Texte im Hinblick auf heutiges seelsorgliches Handeln.

Bei genauerem Hinschauen ergibt sich, dass das seelsorgliche Handeln des irdischen Jesus bereits unter seinen Zeitgenossen höchst umstritten war und er heftig um dessen Anerkennung kämpfte. Zwar konnten die Gegner Jesu den Erfolg seiner Heilungen und Exorzismen nicht bestreiten, aber sie behaupteten, dass er nicht im Namen Gottes, sondern in der Vollmacht des Teufels heilen und Dämonen austreiben würde (Lukas 11,14-26). Der Vorwurf ist sprichwörtlich geworden: „Den Teufel durch Beelzebub austreiben". Die Heilungen, die Jesus vollbrachte, habe er nicht durch die Kraft Gottes, sondern die Vollmacht ägyptischer Zauberpriester bewirkt. Weil Jesus mit seinen Heilungen am Sabbat in den Augen seiner Gegner das Sabbatgebot übertrat, versuchten sie sogar, ihn zu töten (Markus 3,1-6). Sein Argument, dass auch sie am Sabbat einen in den Brunnen gefallenen Sohn oder sogar einen Ochsen befreien würden, überzeugte sie nicht (Lukas 14,1-6). Auch die Tischgemeinschaft Jesu mit Wirtschaftskriminellen und Prostituierten, die diesen die Liebe Gottes seelsorglich veranschaulichen sollte, rief aufseiten der Gegner Jesu heftigen Widerstand hervor. „Und die Pharisäer und die Schriftgelehrten murrten und sprachen: Dieser nimmt die Sünder an und isst mit ihnen" (Lukas 15,2).

2. Bilder und Titel für Jesus als Seelsorger

In den Evangelien kommen eine Reihe von Bildern und Titeln vor, in denen sich die Seelsorge Jesu brennpunktartig verdichtet. Jesus vergleicht sich selber mit einem Guten Hirten, einer fürsorglichen Henne und einem liebenden Vater. Die Titel des Heilands, des Meisters und des Freundes erhält er entweder von seinen Zeitgenossen oder legt sie sich selbst bei. Herkunft und Bedeutung der genannten Bilder und Titel sind sehr unterschiedlich. Sie thematisieren die Seelsorge Jesu jeweils aus einem anderen Blickwinkel. Erst zusammen illustrieren sie sein seelsorgliches Handeln und verleihen ihm seine besondere Kontur.

2.1 Das Bild des Guten Hirten

Das Bild des Guten Hirten besitzt in den Evangelien eine herausragende Bedeutung. Darüber hinaus wird es auch außerhalb der Evangelien im Neuen Testament verwendet, um die seelsorgliche Dimension des Handelns Jesu zum Ausdruck zu bringen: „Denn ihr wart wie irrende Schafe; aber ihr seid nun umgekehrt zu dem Hirten und Bischof eurer Seelen" (1. Petrus 2,25). Im gleichen Brief nennt Petrus Jesus sogar den „Erzhirten" (1. Petrus 5,4), den Hirten aller Hirten. Dabei reicht das Bild des Hirten einerseits bis in das Alte Testament zurück und steht andererseits in der Geschichte der Alten Kirche beherrschend an der Spitze der für Jesus gebrauchten Bilder.

Im alten Israel wird – im Gegensatz zum übrigen Orient – der Titel „Hirte" nie als Königstitel verwendet.[8] Der Titel bleibt Gott bzw. dem Messias vorbehalten und stellt diese zugleich als macht- wie als liebevolle Hirten ihres Volkes dar. Von herausragender Bedeutung für die Vorstellung von Gott als Gutem Hirten sind im Alten Testament Aussprüche der Exilspropheten, die das Hirtesein Gottes gegenüber seinem Volk als Ganzem thematisieren, und Psalm 23, der das Hirtesein Gottes gegenüber dem einzelnen Menschen zum Inhalt hat.

Nach Hesekiel 34,11-16 wird Gottes Hirtesein gegenüber seinem Volk im Zurückbringen des Verirrten, im Suchen des Verlorenen, im Stärken des Schwachen und im Pflegen des Kranken konkret. Wie aus dem Gesamtzusammenhang des Kapitels hervorgeht, gehört zur Hirtentätigkeit Gottes gleichzeitig das Begrenzen und Unschädlichmachen des Bösen. Der Prophet hat dabei die schlechten Hirten des Volkes vor Augen, die ihre Regierungsaufgabe ins Gegenteil verkehren. Anstatt für die Schafe zu sorgen, die Schwachen zu stärken, die Kranken zu heilen, die Verwundeten zu verbinden, die Verwirrten zurückzubringen und die Verlorenen zu suchen, haben sie nur ihr eigenes Wohlergehen im Kopf. Sie weiden sich selbst, bereichern sich auf Kosten des Volkes und vernachlässigen ihre Regierungsaufgaben (V. 8). Voraussetzung dafür, dass Gott sich seines Volkes annehmen und seine Schafe weiden kann, ist, dass er sie aus der Gewalt der schlechten Hirten befreit: „So spricht Gott der Herr: Siehe, ich will an die Hirten und will meine Herde von ihren Händen fordern; ich will ein Ende damit machen, dass sie Hirten sind, und sie sollen sich nicht mehr selbst weiden. Ich will meine Schafe erretten aus ihrem Rachen, dass sie sie nicht mehr fressen sollen" (Hesekiel 34,10).

Die ersten Christen gehörten allesamt zum jüdischen Volk. Das Alte Testament war die Bibel der jungen Christenheit. Es ist darum nicht verwunderlich, dass sie angesichts der römischen Besatzung Palästinas die prophetischen Verheißungen aus dem Alten Testament auf Jesus übertrugen. Sie glaubten, dass er der Gute Hirte war, der sie vom Joch der Römer und aller anderen selbstsüchtigen Hirten befreien würde (vgl. Johannes 10). Die frühe christliche

Gemeinde fand vor allem in den Aussagen von Psalm 23 das Wirken Jesu als ihres guten Hirten wieder. Bis heute ist er im Christentum der beliebteste und bekannteste Psalm. Viele Menschen kennen ihn auswendig. Psalm 23 beschreibt in einprägsamer, anschaulicher Weise, warum Jesus, der Gute Hirte, vorbehaltloses Vertrauen verdient. Sicher hat zu seiner Beliebtheit beigetragen, dass in ihm das Hirtesein Jesu nicht auf die Gemeinde insgesamt, sondern auf den einzelnen Menschen bezogen wird. Der Gute Hirte sorgt für das leibliche Wohl: „Er weidet mich auf einer grünen Aue und führet mich zum frischen Wasser" (Psalm 23,2). Aber er ist auch am seelischen Wohlergehen des Gläubigen interessiert: „Er erquicket meine Seele" (V. 3). Wörtlich übersetzt heißt es: „Gott lässt mich zur Ruhe kommen; er lässt mich zu mir selbst finden." Wer in Gott den Ankerpunkt seiner Seele gefunden hat, findet dadurch auch zu sich selbst!

Der 23. Psalm war für die ersten Christen das Gebet kindlichen Vertrauens auf Jesus Christus. Dieses Vertrauen will der Psalm mit dem Bild vom Guten Hirten in jedem Menschen nähren. Ohne Vertrauen erstirbt das Leben. Pädagogen und Psychologen haben festgestellt: Je mehr Urvertrauen einem Kind vermittelt wird, desto unproblematischer wird es zum erwachsenen Menschen heranreifen.[9] Aber auch Erwachsenen muss ständig neu Vertrauen zugesprochen werden, damit sie psychisch gesund bleiben. Gott will dieses Vertrauen in jedem Menschen stärken, indem er ihn immer wieder seine Güte im Alltag des Lebens erfahren lässt.

Und aus welchem Grund handelt Jesus Christus wie ein guter Hirte an den Menschen? Der Psalm sagt schlicht: „Um seines Namens willen". Das Wesen Gottes, wie es sich in Jesus Christus zeigt, ist durch und durch Liebe, die in seinem gütigen und barmherzigen Handeln zum Ausdruck kommt.

Dabei zeichnet der 23. Psalm das menschliche Leben nicht als Idyll. Unmittelbar im Anschluss, in V. 4, fährt der Psalmbeter nämlich fort: „Und ob ich schon wanderte im finstern Tal". Wörtlich übersetzt spricht er vom „Tal der Todesschatten". Von den sonnigen

Höhenwegen führt das Leben plötzlich ins dunkle Tal hinunter. Neben guten Zeiten gibt es böse Zeiten, die keinem Menschen in seinem Leben erspart bleiben. Der Psalmbeter ist ganz realistisch. Er beschönigt nichts und nennt auch diese Seite der Lebenswirklichkeit beim Namen. Böse Zeiten des Lebens sind meist auch böse Zeiten des Glaubens. Im Tal der Todesschatten fällt es schwer, gegen den Augenschein auf Gottes Liebe zu hoffen. Wie schnell wird die in guten Zeiten hell leuchtende Flamme des Glaubens zum glimmenden Docht. Was geschieht, wenn Hoffnungen zerbrechen, geliebte Menschen uns verlassen oder ersehnte Pläne sich nicht verwirklichen lassen? Glauben wir dann dennoch, dass Gott es gut mit uns meint und uns nicht verlassen hat? Der Psalmbeter vertraute auch in solchen Situationen auf Gottes Nähe und Fürsorge: „Und ob ich schon wanderte im finstern Tal, fürchte ich kein Unglück; denn du bist bei mir, dein Stecken und Stab trösten mich."

Immanuel Kant (1724–1804), der bedeutendste deutsche Philosoph, schrieb: „Ich habe in meinem Leben viel kluge und gute Bücher gelesen. Aber ich habe in ihnen allen nichts gefunden, was mein Herz so still und froh gemacht hätte, wie die vier Worte aus dem 23. Psalm: ‚Du bist bei mir!'" Wie Immanuel Kant haben bis zum heutigen Tag unzählige Menschen erfahren, dass Gott ihnen paradoxerweise dann ganz besonders nahe war, wenn sie das „Tal der Todesschatten" durchschreiten mussten. Häufig ist es ja so: Erst wenn sich das übertriebene Vertrauen auf die eigenen Fähigkeiten als Illusion erwiesen hat, erkennen Menschen realistisch, wie begrenzt sie in ihrem Tun und Wollen sind. Meist sind sie erst dann bereit, Gott um Hilfe zu bitten. Viele Menschen bezeugen, dass sie erst in ausweglosen Situationen gelernt hätten, auf die Stimme Gottes zu hören und ihm zu vertrauen.

In den Evangelien selbst kommt das Hirtesein Jesu an einer Reihe von Stellen direkt oder indirekt zum Ausdruck. Am eindrücklichsten ist das Gleichnis vom verlorenen Schaf (Lukas 15,3-7). Jesus lässt die 99 Schafe zurück, um sich um das verloren gegangene eine Schaf zu kümmern. Auf die Hirtensorge Jesu ist unter allen Umständen Verlass! Weniger bekannt ist die folgende Stelle: „Und Jesus stieg aus und sah die große Menge; und sie jammerten ihn, denn sie waren wie Schafe, die keinen Hirten haben. Und er fing eine lange Predigt an" (Markus 6,34, Matthäus 9,36). Jesus jammern die Menschen – wörtlich: „Es drehten sich ihm die Eingeweide im Leib herum" –, weil sie orientierungslos sind und sich von Führern, auch vermeintlichen Glaubensvorbildern, leiten lassen, die ihr Vertrauen missbrauchen oder die den Weg zum Leben selber nicht kennen. Er nennt solche Menschen „blinde Blindenleiter" (Matthäus 15,14). Jesu Hirtesein zeigt sich darin, dass er zu den Menschen spricht, um ihrem Leben Sinn und Richtung, Hoffnung und Erfüllung zu geben. An Markus 6,34 schließt sich unmittelbar die Geschichte von der Speisung der Fünftausend an. Die Hirtensorge Jesu umfasst auch die leiblichen Bedürfnisse.

Die theologisch bedeutendste Stelle über das Hirtenamt Jesu in den Evangelien ist Johannes 10, wo Jesus seine Seelsorge in einer großen Hirtenrede entfaltet. Er betont zunächst, dass er als der Gute Hirte kein Dieb oder Räuber ist (V. 1). Dem entspricht die Aussage, dass er kein Fremder ist (V. 5). Die Rede gipfelt in der Feststellung, dass der Gute Hirte sein Leben für die Schafe lässt, weil er kein Mietling, sondern Eigentümer der Herde ist (V. 11f). Die Hirtenrede lässt mindestens sechs Dimensionen der Seelsorge Jesu erkennen: Er sucht die Schafe auf, d. h. er kommt zu ihnen (V. 1ff); er führt sie zusammen, d. h. er sammelt sie (V. 16: „Ich habe noch andere Schafe, die sind nicht aus diesem Stall; auch sie muss ich herführen, und sie werden meine Stimme hören, und es wird eine Herde und ein Hirte werden."); er führt sie auf einem bestimmten Weg, d. h. er leitet sie (V. 3.27); er ist mit ihnen vertraut, d. h. er kennt sie und sie kennen ihn (V. 5); er meint es gut mit ihnen (V. 1); er ist sogar bereit, für ihr Überleben sein eigenes Leben hinzugeben (V. 11). Alle sechs Dimensionen setzen die Nähe zwischen Hirt und Schafen voraus. Vor allem aber illustriert das Bild vom Hirten die Fürsorge-, Hilfs- und Schutzfunktion Jesu:

Das Leben der Schafe ist tödlich bedroht, wenn der Hirte sein Hirtenamt vernachlässigt.

Ein Bild – das ist etwas zum Anschauen. Mit dem Bild vom Guten Hirten erteilt Jesus seinen Hörerinnen und Hörern einen einzigartigen Anschauungsunterricht über seine Seelsorge.

2.2 Das Bild der Henne

„Jerusalem, Jerusalem, die du tötest die Propheten und steinigst, die zu dir gesandt sind! Wie oft habe ich deine Kinder versammeln wollen, wie eine Henne ihre Küken versammelt unter ihre Flügel; und ihr habt nicht gewollt!" (Matthäus 23,37). Die Seelsorge Jesu ist kein Erfolgsmodell! Es ist nicht selbstverständlich, dass Menschen die Einladung Jesu zum Glauben bzw. zum Leben in seiner Nachfolge annehmen. Ganze Jüngergruppen verlassen Jesus (Johannes 6,60-71). Jesus respektiert die Freiheit der Menschen.

Obwohl es neben dem Bild vom Guten Hirten in den Evangelien kein anderes gibt, das das seelsorgliche Wirken Jesu so plastisch zum Ausdruck bringt wie das Bild von der Henne und ihren Küken, hat es bisher kaum die ihm gebührende Wertschätzung erfahren. Nur im „Messias" von Georg Friedrich Händel wird das Bild aufgenommen und meisterhaft vertont. Die Melodie lässt den Schmerz Jesu über seine vergebliche Seelsorge regelrecht mitfühlen und prägt sich dadurch in der Seele ein.

Vielleicht war es ein zu „weibliches" Bild, und man meinte, dass damit das seelsorgliche Handeln Jesu zu einseitig mütterlich beschrieben würde. Zudem kann man nicht behaupten, dass die Henne unter den Tieren besonders große Anerkennung genösse – ganz im Gegenteil. Wenn Jesus sein seelsorgliches Wirken mit dem Tun einer Henne verglich, war das eine Provokation. Der Vergleich entspricht seiner mit der Menschwerdung verbundenen

Erniedrigung: „Er ... hielt es nicht für einen Raub, Gott gleich zu sein ... Er erniedrigte sich selbst" (Philipper 2,6-8). Indem der Sohn Gottes Mensch wird, kommt er uns nahe, wird er einer von uns. Das Bild von der Henne offenbart eine große Innigkeit, das tiefe Verlangen Jesu nach Gemeinschaft mit den Menschen. Diese Liebe Jesu ist der Grund dafür, wieso er Menschen in seine Nachfolge ruft und sie auf ihrem Lebensweg um sich sammeln, beschützen und begleiten will.

2.3 Das Bild des liebenden Vaters

Wesentlich bekannter als das mütterliche Bild von der Henne und ihren Küken ist das Bild von Jesus als dem liebenden Vater. Das Gleichnis vom verlorenen Sohn aus Lukas 15,11-32 ist das bekannteste Gleichnis Jesu überhaupt. Zu allen Zeiten hat es Menschen bewegt und herausgefordert. Der Hamburger Theologe Helmut Thielicke nannte die Gleichnisse Jesu das Bilderbuch Gottes.[10] Im Gleichnis vom verlorenen Sohn malt Jesus seinen Zuhörerinnen und Zuhörern ein bis dahin unbekanntes Bild Gottes vor Augen. Es ist das großartige Bild eines liebenden Vaters: voller Großzügigkeit und Freiheit, voller Leidenschaft und Mitgefühl.

In der Einleitung des Gleichnisses erfahren wir, dass dabei sowohl Zöllner und Sünder als auch Pharisäer und Schriftgelehrte Jesus zuhörten. Ein größerer Gegensatz lässt sich kaum denken: auf der einen Seite Wirtschaftskriminelle und Prostituierte, auf der anderen Seite Pietisten, kirchlich Engagierte und Theologen. Kirchendistanzierte und Kerngemeinde waren gleichermaßen die Adressaten seiner Botschaft. Beide Gruppen kommen im Gleichnis vom verlorenen Sohn vor: Der jüngere Sohn repräsentiert die Zöllner und Sünder, der ältere, daheim gebliebene, die Pharisäer und Schriftgelehrten.

Das Verhalten des liebenden Vaters stellt den eigentlichen Anstoß des Gleichnisses dar. Es sprengt die Norm der damaligen Zeit. Bis heute bedeutet es eine ungeheure Provokation für den gesunden Menschenverstand. Die Güte des Vaters ruft zu allen Zeiten den Widerspruch der Frommen und Pflichtbewussten hervor. Sie stellt deren Wertmaßstäbe auf den Kopf und bringt ihr Weltbild in Unordnung. Dass der Vater den jüngeren Sohn widerspruchslos freigibt, ihm keinerlei Vorwürfe macht, ihm das Erbe auszahlt und ihm nicht nachreist, ist der erste Anstoß des Gleichnisses. Gerade diese Freigabe ist es jedoch, die dem Sohn eines Tages die Rückkehr ermöglicht.[11] „… die Freigabe ist die Gabe, die nun mit ihm geht bis in seine äußerste Verlorenheit hinein, gleichsam auf dem untersten Grund seines Gepäcks, bis an den Punkt, wo sich alle anderen Gaben erschöpft haben und alles, worauf er Anspruch erhob, durchgebracht ist."[12] Die Liebe des Vaters bewährt sich in der Freigabe des jüngeren Sohnes. Er weicht den Schmerzen, die ihm diese Freigabe bringen, nicht aus.

Ebenso provozierend ist der Empfang des Sohnes bei seiner Heimkehr. Der Vater vergisst seine patriarchale Würde. Er läuft dem Sohn entgegen. Nicht schnell genug kann er ihm begegnen. Seine Liebe lässt alle sonstigen Rücksichten zurücktreten. Eine weitere Provokation ist die voraussetzungslose Vergebungsbereitschaft des Vaters. Gratis wird dem zurückgekehrten Sohn das uneingeschränkte Sohnesrecht verliehen. Die frühere Schuld wird nicht mehr angesprochen. Der Vater vergibt und vergisst. Ein Neuanfang in ihrer Beziehung wird möglich. Der Sohn erhält die Prokura und kann zum Partner heranreifen. Echte Vaterschaft lässt Söhne und Töchter wachsen, macht sie groß und frei, hält sie nicht klein. Auch das Begrüßungsfest zeigt die großherzige Liebe des Vaters, als ob er damit die Leiden des Sohnes in der Fremde ausgleichen wollte.

Nicht weniger ungewöhnlich ist das Verhalten des Vaters gegenüber dem älteren, zu Hause gebliebenen Sohn. Auch ihm wendet er sich ganz zu: „Da ging sein Vater heraus und bat ihn" (V. 28). Er bittet ihn um das Selbstverständlichste von der Welt: Er soll sich mitfreuen und mitfeiern. Sogar auf dessen unberechtigte Vorwürfe geht er ein: „Alles, was mein ist, das ist dein" (V. 31). Der ältere Sohn hat längst das uneingeschränkte Nutzungsrecht über den väterlichen Besitz. Es ist allein sein Problem, wenn er es bisher nicht für sich gebraucht hat.

Vor einigen Jahren erzählte mir ein Freund folgendes Erlebnis: Während einer Türkeireise besuchte er die Stadt Konya (das neutestamentliche Ikonion), heute ein Zentrum der islamischen Mystik. Einige junge Türken luden ihn zum Abendessen ein. Sie gehörten einer islamischen Bruderschaft an. Im Gespräch kamen sie auf die Charakteristika der jeweiligen Religion zu sprechen. Die muslimischen Studenten wiesen auf die sogenannten fünf Säulen als die *Basics* des Islam hin: Bekenntnis zu dem einen Gott, Gebet, Almosengeben, Fasten und Wallfahrt. Mein Freund erzählte das Gleichnis vom verlorenen Sohn. Als er an die Stelle kam, wo der Vater den heimgekehrten Sohn voller Freude aufnimmt, riefen seine Gastgeber empört: „Das darf er nicht!" Sie konnten sich eine Annahme des Sohnes ohne Strafe und Wiedergutmachung nicht vorstellen. Entsprechend empfanden sie das Verhalten des Vaters gegenüber dem zu Hause gebliebenen Sohn als ungerecht.

Steckt nicht auch in vielen frommen Christen das Denken von einem berechnenden und damit auch berechenbaren Gott, der jedem nur das gibt, was er verdient? Das Gleichnis vom verlorenen Sohn stellt ein solches Gottesbild auf den Kopf. Hinter dem Vater des Gleichnisses verbirgt sich niemand anderes als Jesus Christus selber. Das wird daran erkennbar, dass der heimgekehrte jüngere Sohn in seinem Schuldbekenntnis vor dem Vater sagt: „Vater, ich habe gesündigt gegen den Himmel und vor dir" (V. 21). Im Judentum spricht man bis heute den Namen Gottes, Jahwe, nicht aus, sondern umschreibt ihn mit anderen Ausdrücken. Dazu gehörte zur Zeit Jesu das Wort „Himmel".

Wie der Vater im Gleichnis drängt sich Jesus keinem auf. Niemand ist gezwungen, an ihn zu glauben. Niemand muss ein Leben nach den Geboten der Bergpredigt führen. Niemand ist genötigt, die Seelsorge Jesu in Anspruch zu nehmen. Wie der Vater im Gleichnis wartet Jesus darauf, dass Menschen zu ihm umkehren. Wie der Vater im Gleichnis vergibt er denen großzügig und bedingungslos, die an ihn glauben und sich ihm anvertrauen. Wie der Vater lädt er Menschen ein, in seinen Dienst zu treten und beruft sie zur Mitarbeit in der christlichen Gemeinde.

2.4 Der Titel *Heiland*

Es gibt mehrere Titel Jesu in den Evangelien, die die seelsorgliche Dimension seines Handelns zum Ausdruck bringen. Dazu gehört der Heilandstitel, der an prominenter Stelle im Weihnachtsevangelium von den Engeln für Jesus gebraucht wird: „Denn euch ist heute der Heiland geboren, welcher ist Christus, der Herr, in der Stadt Davids" (Lukas 2,11). Wenn auch ohne explizite Nennung des Titels, ist die klassische Stelle für die gemeinte Sache Matthäus 11,28-30, der sogenannte Heilandsruf: „Kommt her zu mir, alle, die ihr mühselig und beladen seid; ich will euch erquicken. Nehmt auf euch mein Joch und lernt von mir; denn ich bin sanftmütig und von Herzen demütig; so werdet ihr Ruhe finden für eure Seelen. Denn mein Joch ist sanft, und meine Last ist leicht." Im Zentrum des Bildes vom Heiland steht die Einladung an die Mühseligen und Beladenen, sich von Jesus erquicken zu lassen. Er will ihnen helfen, ihre Lasten zu tragen, und sie sollen ihm im Gegenzug helfen, seinen Auftrag an den Menschen zu erfüllen.

Das seelsorgliche Handeln Jesu als Heiland ist also nicht mit Wellness und Entspannung gleichzusetzen. Zwar verheißt er denen, die sich ihm anvertrauen, Ruhe und Erquickung. Damit ist aber untrennbar das Engagement für seine Sache verbunden. Die Seelsorge Jesu nimmt hier moderne Erkenntnisse über die Gefahren eines helfenden Handelns vorweg, das den Menschen entmündigt.

Das Ziel diakonischen Handelns sollte sein, Menschen nicht in Abhängigkeit zu belassen, sondern zur Selbsthilfe zu befähigen. Auch in der Seelsorge darf der Mensch nicht zum Objekt der Zuwendung degradiert werden. Es geht vielmehr darum, Menschen so herauszufordern und zu fördern, dass sie ihren Anteil am Auftrag Jesu erfüllen können.

2.5 Der Titel *Meister*

Ebenso hat der Titel Meister (Rabbi, auch mit Lehrer zu übersetzen) eine seelsorgliche Dimension. Einerseits lässt Jesus viele gemeinsame Züge mit den Rabbinen seiner Zeit erkennen, andererseits unterscheidet er sich in mancher Hinsicht von ihnen.

Wie die Rabbinen mit ihren Schülern bildete Jesus mit seinen Jüngern eine Lern- und Lebensgemeinschaft. Sie teilten ihr Leben miteinander, was den Alltag einschloss. Es fällt auf, dass in ihrem Miteinander auch Raum für Emotionen war: Im Johannesevangelium heißt es ausdrücklich, dass Jesus einen Lieblingsjünger besaß, dem er mit besonderer Liebe zugetan war (Johannes 13,23; 19,26; 20,2; 21,20). Zur Zeit Jesu war es üblich, dass die Schüler sich ihren Rabbi wählten. Anders bei Jesus und seinen Jüngern: Nicht die Jünger wählten sich Jesus zum Lehrer, sondern Jesus berief sie in seinen Jüngerkreis. Die Jünger brauchten Jesus auch nichts für dessen Lehre zu bezahlen, wie es sonst für Schüler gegenüber ihrem Rabbi selbstverständlich war. Jesus sorgte sogar im Gegenteil selbst für den Lebensunterhalt seiner Jünger.

In der Beziehung Jesu zu seinen Jüngern ging es ebenso wenig darum – wie bei den Rabbinen und ihren Schülern –, dass sie eines Tages selbst zu neuen Meistern wurden (Matthäus 23,8). Ihre Bestimmung lag vielmehr in ihrem Jüngersein. Deshalb blieben sie lebenslänglich seine Jünger und hatten die Aufgabe, auf ihn hinzuweisen. Im Vordergrund der Beziehung Jesu zu seinen Jüngern stand schließlich auch nicht primär die Vermittlung von Wissen – so die heutige Bedeutung von Lehrersein. Vielmehr sollten sie in die Lage versetzt werden, einmal *mit ihrer ganzen Existenz* die Botschaft Jesu zu verbreiten. Ganz ungewöhnlich war schließlich, dass Jesus auch Frauen als Schülerinnen besaß. Maria und Martha werden namentlich genannt (vgl. Lukas 10,38-42).

Das Meistersein Jesu war insgesamt seelsorglich geprägt. Ein großer Teil seines seelsorglichen Engagements galt seinen Jüngern. Immer wieder nahm Jesus sie beiseite, um separat, getrennt vom übrigen Volk, mit ihnen zu sprechen. Regelmäßig fand ein interner seelsorglicher Austausch mit dem Zwölferkreis statt (vgl. z. B. Matthäus 20,17; Markus 10,32).

2.6 Der Titel *Freund*

Auch der Titel Freund hat eine seelsorgliche Dimension (vgl. Johannes 15,14 u. ö.). Darin wird erneut die traditionelle rabbinische Vorstellung vom Lehrersein gesprengt. Durch die Charakterisierung als Freundschaft kommt eine ganz neue Wärme in die Beziehung Jesu zu seinen Jüngern. Nicht die Übereinstimmung im Denken, sondern die Liebe zueinander macht das Fundament ihrer Beziehung aus. „Wie mich mein Vater liebt, so liebe ich euch auch. Bleibt in meiner Liebe! … Niemand hat größere Liebe als die, dass er sein Leben lässt für seine Freunde. … Ich nenne euch hinfort nicht Knechte; denn der Knecht weiß nicht, was sein Herr tut. Euch aber habe ich Freunde genannt; denn alles, was ich von meinem Vater gehört habe, habe ich euch kundgetan!" (Johannes 15,9-15). Dass es sich bei der Freundschaft zwischen Jesus und seinen Jüngern um keine sentimentale Angelegenheit handelt, zeigt sich zum einen daran, dass ihre Freundschaft mit dem Tun des Willens

Jesu verknüpft bleibt. Zum anderen erhält sie im Sterben Jesu für seine Jünger ihren letzten Ernst.

Die Selbstbezeichnung Jesu als Freund ist im Hinblick auf das Verständnis der Glaubensbeziehung zwischen Gott und Mensch in der Vergangenheit – jedenfalls außerhalb der Mystik – nur wenig beachtet worden. In der Jugendseelsorge etwa eröffnet der Freundschaftsbegriff ganz neue Möglichkeiten, die Gottesbeziehung zu verstehen: Er bringt Verständnisbereitschaft, Vertrauenswürdigkeit und Nähe bei gleichzeitiger Freiwilligkeit, Unabhängigkeit und das Gewähren von Freiräumen zum Ausdruck. Das Verständnis der Beziehung zwischen Jesus und seinen Nachfolgerinnen und Nachfolgern als Freundschaft bietet die Möglichkeit, patriarchale und autoritäre Missdeutungen zu überwinden.

2.7 Sich wandelnde Bedeutung der Bilder und Titel

Alle Bilder sind hier in Farbe einsehbar: https://media. brunnen-verlag. de/Hirte_Meister_ Freund_Bilder.pdf

Die Christenheit hat sich zu allen Zeiten und in allen Weltgegenden und Kulturen in ihrem seelsorglichen Handeln von den Bildern, Titeln, Gleichnissen und Erzählungen Jesu aus den Evangelien inspirieren lassen. Das belegen eindrucksvoll die unterschiedlichen Künste: Malerei, Bildhauerei, Literatur, Dichtung und Musik. In einer Zeit, in der nur eine Minderheit lesen konnte, waren die Künste ein hervorragendes Medium, um Menschen die Seelsorge Jesu nahezubringen. Im Lauf der Geschichte traten in der Kirche ganz unterschiedliche Bilder und Titel Jesu Christi in den Vordergrund.

Die christliche Kunstgeschichte beginnt mit der Darstellung des Guten Hirten, ein weiteres Indiz für die überragende Bedeutung, die dieses Bild Jesu in der frühen christlichen Kirche besaß. Die älteste erhaltene Darstellung befindet sich in einer römischen Katakombe und wird auf die erste Hälfte des dritten Jahrhunderts datiert.[13] Jesus ist darauf als Jüngling mit Hirtenstab und Milcheimer dargestellt. Er trägt eine geschürzte Tunika,

Der Gute Hirte, Calixtus-Katakomben, Anfang 3. Jh.

die Schienbeine sind zum Schutz kunstvoll umwickelt. Auf seinen Schultern ruht ein Schäflein, das die zum ewigen Leben gerettete Seele symbolisiert. Das Paradies ist mit zwei schattenhaften Bäumen angedeutet.

Angesichts der Vergänglichkeit des Menschen veranschaulicht das Bild die Worte Jesu aus seiner Hirtenrede in Johannes 10,28: „Ich gebe ihnen das ewige Leben, und sie werden nimmermehr umkommen und niemand wird sie aus meiner Hand reißen." Jesus, der Gute Hirte, hat den Tod überwunden. In ihm ist die menschliche Sehnsucht nach dem ewigen Leben Wirklichkeit geworden.

In der weiteren Geschichte der Alten Kirche wird das Bild vom Guten Hirten zum Christusporträt schlechthin. Das gilt nicht nur für die Christusdarstellungen des späteren 3. Jahrhunderts, wie am Wannensarkophag in Santa Maria Antica in Rom und in den Fresken in der Lucina-Katakombe erkennbar ist. Jeder, der schon einmal in Ravenna das Mausoleum der Galla Placidia besichtigt hat, wird die dortige Darstellung Jesu Christi als Guten Hirten aus dem 5. Jahrhundert, ausgeführt in wunderbar farbenfroher byzantinischer Mosaikkunst, nicht mehr vergessen. Die Schafe sind keine dummen Schafe. Vielmehr werden würdevoll gestaltete, aufmerksame Schafe von einem hoheitsvoll anmutenden Hirten geweidet. Zwar ist der Blick sämtlicher Schafe auf Jesus gerichtet, der inmitten der

Der Gute Hirte, Mausoleum der Galla Placidia in Ravenna

Schafe auf einer Felsstufe sitzt. Aber jedes der Schafe nimmt ansonsten eine andere Körperhaltung ein und steht oder liegt in lockerer Anordnung um Jesus herum. Als wollte die Mosaikdarstellung uns zurufen: Seelsorge darf nicht mit Uniformierung, mit Entmündigung und Kleinmachen verwechselt werden! Intelligente Schafe brauchen vom Guten Hirten nicht am Gängelband gehalten zu werden. Vom Geist Gottes erfüllt, können sie selber den richtigen Weg erkennen. Was sie brauchen, ist Förderung und Ermutigung und gegebenenfalls auch einmal eine Warnung. Im Mosaikbild von Ravenna berührt eine Geste des Guten Hirten besonders stark: Mit der Linken umfasst er ein großes goldenes Kreuz, was ihn als Erlöser ausweist. Mit der Rechten aber liebkost er eines der Schafe am Kopf. Die darin ausgedrückte Zärtlichkeit symbolisiert in großartiger Weise die Liebe, die Jesus zu seinen Schafen hat.

Es ist kein Zufall, dass der Begriff des Freundes bzw. der Freundschaft für die Beziehung zwischen Jesus Christus und den Gläubigen in der mittelalterlichen Mystik eine große Rolle spielte. In Aufnahme der entsprechenden Aussagen aus dem Johannesevangelium bildete sich im Rahmen der Mystik der Begriff der Gottesfreundschaft heraus, um das Wesen des Verhältnisses zu Gott zu beschreiben. Er bringt zum Ausdruck, dass es darin um ein liebendes Gegenüber und Mit- und Ineinander, allerdings nicht um eine Identität zwischen Gott und Mensch geht. Indem die Unio mystica, die Vereinigung mit Gott, als Ziel des Glaubens verstanden wird, tritt das hierarchische Gefälle zwischen Gott und Mensch in den Hintergrund.

Die spanische Mystikerin Teresa von Avila schrieb: „Ich kann mit ihm umgehen wie mit einem Freund, obwohl er doch Herr ist."[14] Das Gebet wird zum Gespräch mit einem Freund. „Denn meiner Meinung nach ist inneres Beten nichts anderes als Verweilen bei einem Freund, mit dem wir oft allein zusammenkommen, einfach um bei ihm zu sein, weil wir sicher wissen, dass er uns liebt."[15] Mit Jesus Christus kann der Gläubige

Ikone „Christus und Abbas Menas", 6. Jh., Louvre

jederzeit und über alles sprechen: „In allem kann man mit dir umgehen und sprechen, wie es uns gefällt, sobald man einmal den ersten Schrecken und die Furcht vor Eurer Majestät verloren hat […]."[16] In der Konsequenz wird die seelsorgliche Beziehung zwischen Jesus und dem Menschen tendenziell als ein Verhältnis auf Augenhöhe verstanden. Dem entspricht die klassische Darstellung der Gottesfreundschaft in der Kunst auf einer ägyptischen Ikone aus Bawit aus dem 6. Jahrhundert (heute im Pariser Louvre): Jesus Christus, der Abbas Menas umarmt. Beide sind etwa gleich groß dargestellt, auf Augenhöhe nebeneinander stehend, und schauen den Betrachter frontal an. Als „Ikone der Freundschaft" ist die Darstellung durch die Kommunität von Taizé bekannt geworden.

Im Mittelalter trat das Bild des Gekreuzigten an die Spitze aller Bilder für Jesus als Seelsorger – und damit der Zuspruch der Sündenvergebung als inhaltliches Zentrum des seelsorglichen Handelns. Der Sohn Gottes stirbt stellvertretend für den sündigen Menschen. Parallel dazu entwickelte sich die Privatbeichte aus einem freiwilligen Angebot für Mönche und Nonnen zu einem Sakrament, das von allen Kirchenmitgliedern mindestens einmal im Jahr empfangen werden musste. Im Lauf der Jahrhunderte wandelte sich das Bild des Gekreuzigten tiefgreifend. In der Romanik wurde der Gekreuzigte, inspiriert von Aussagen des Johannesevangeliums, als der bereits am Kreuz vom himm-

Imervard-Kreuz, Braunschweiger Dom (Romanik)

lischen Vater Verherrlichte dargestellt: „Vater, die Stunde ist gekommen: Verherrliche deinen Sohn, auf dass der Sohn dich verherrliche" (Johannes 17,1). Der ans Kreuz geschlagene Christus steht aufrecht, leidet nicht, sondern ist bereits im Sterben der über die Mächte der Sünde, des Todes und des Teufels triumphierende Gottessohn.

Christus am Kreuz (Gotik)

Erst die nachfolgende Gotik entdeckte den demütig leidenden Jesus, wie er in den synoptischen Evangelien gezeichnet wird. Von Schmerzen gekrümmt, symbolisiert er den bis zum Tod am Kreuz sich erniedrigenden menschgewordenen Sohn Gottes, der in seinem Leiden allen Leidenden nahekommt: „Denn wir haben nicht einen Hohenpriester, der nicht könnte mit leiden mit unserer Schwachheit, sondern der versucht worden ist in allem wie wir, doch ohne Sünde" (Hebräer 4,15). Bis heute gehört der leidende und sterbende Jesus Christus am Kreuz zu den prägendsten Bildern Jesu als Seelsorger.

In der reformatorischen Seelsorge wurde das Bild des gekreuzigten Jesus Christus noch wichtiger. Jesu Leiden und Sterben wurden als alleinige Voraussetzung für die Annahme des Menschen durch Gott verstanden (der Sünder ist „allein aus Gnaden" gerechtfertigt). In der Folgezeit entwickelte sich im Protestantismus eine ausgeprägte, mystisch gefärbte, Passionsfrömmigkeit. Viele damals neu entstandene Passionslieder luden dazu ein, die Bedeutung des stellvertretenden Leidens und Sterbens Jesu am Kreuz für sich persönlich zu bedenken. Ihren klarsten und künstlerisch überzeugendsten Ausdruck hat die evangelische Passionsfrömmigkeit in den Passionsliedern Paul Gerhardts (vgl. „O Haupt voll Blut und Wunden", EG 85) und der Matthäus- und Johannes-Passion von Johann Sebastian Bach gefunden. Daneben entfaltet die Geschichte vom leidenden Jesus in Gethsemane wie schon im Mittelalter ihre seelsorgliche Kraft. Sie wurde im Altargemälde in vielen lutherischen Kirchen dargestellt (prominent

Christus-Statue, Altar der Dredener Frauenkirche.

ist das in der Dresdener Frauenkirche). In besonders anrührender Weise veranschaulichte sie die Todesangst Jesu und gleichzeitig seine Tröstung durch himmlische Mächte.

Für die Seelsorge in der Aufklärung wurde das Bild von Jesus als Lehrer zentral. Danach war es seine primäre Aufgabe, Menschen den Weg zu einem tugendhaften Leben und zur Unsterblichkeit zu weisen. Die Seelsorge sollte Menschen helfen, ein glückliches Leben in dieser Welt zu führen.

Für die Erweckungsbewegung an der Wende vom 18. zum 19. Jahrhundert stand der Titel des Heilands (vgl. dazu Lukas 2,10f; Matthäus 11,28-30) im Vordergrund der Seelsorge Jesu. Zeitgleich führte die Romantik in der Kunst bei den sogenannten Nazarenern zum Programm einer bewusst christlich geprägten Malerei. Sie knüpften dabei an das Vorbild von Dürer und Raffael an. Allerdings tat sich bald eine unüberbrückbare Spannung zwischen dem Versuch der Wiederbelebung des in der Rückschau verklärten Mittelalters und der unaufhaltsam fortschreitenden Industrialisierung mit der Verelendung breiter Bevölkerungsschichten in der Gegenwart auf. Typisch wurde im 19. Jahrhundert die Darstellung eines süßlich-sentimentalen Heilands. Er schien über dem Boden zu schweben und mit der harten Realität des Alltags der meisten Menschen wenig zu tun zu haben.

Christus im Stil der „Nazarener"

Im 20. Jahrhundert hat sich die Gesellschaft mehr und mehr ausdifferenziert, was sich in der zunehmenden Pluralisierung der Vorstellungen von Jesus als Seelsorger in Kirche und Gemeinde niederschlug. Dazu kam, dass durch die liberale Leben-Jesu-Forschung für viele Christen das Bild Jesu, wie es die Evangelien zeichnen, zweifelhaft geworden war. Damit trat die Vorstellung Jesu als Seelsorger für den einzelnen Gläubigen insgesamt zurück.

Zum Abschluss dieses Kapitels möchte ich in diesem Zusammenhang wenigstens noch auf eine auch psychologisch interessante Frage hinweisen: Nicht nur im Lauf der Geschichte allgemein, sondern auch im Verlauf des Lebens des einzelnen Menschen verändert sich der Stellenwert der Bilder und Titel Jesu. Diese Wandlungen ereignen sich normalerweise analog zur Entwicklung des Glaubensverständnisses und des Gottesbildes eines Menschen und den sich wandelnden Herausforderungen des Berufs- und Familienlebens.[17] In der Kindheit spielen der Gute Hirte und der liebende Vater eine wichtige Rolle. In der Jugend tritt normalerweise Jesus als Freund in den Vordergrund. Später wird Jesus als Meister bzw. Lehrer wichtig. Mit fortschreitendem Alter gewinnen wieder die Vorstellungen vom Guten Hirten und liebenden Vater an Bedeutung.

3. In der Seelsorge Jesu: Beispielgeschichten aus den Evangelien

Die Evangelien stellen ein buntes Bilderbuch der Seelsorge Jesu dar. Die Fülle der Seelsorgegeschichten lädt jede Leserin und jeden Leser zu seiner eigenen Entdeckungsreise ein. Ich möchte im Folgenden ausgewählte Seelsorgegeschichten unter vier Themenstellungen vorstellen: Jesu Seelsorge als Glaubenshilfe, als Zuspruch von Vergebung, als Lebenshilfe und schließlich zeigen, wie Jesus Seelsorge an Seelsorgern geübt hat.

3.1 Seelsorge als Glaubenshilfe

Nachtgespräch mit Jesus: Hinführung zum Glauben (Johannes 3,1-16)

Eine sympathische Gestalt

Nikodemus ist – gerade für junge Menschen – eine sympathische Gestalt. Er hat sich ein Herz gefasst und möchte Jesus nach all den Dingen über Gott und den Glauben fragen, die er schon immer – trotz Theologiestudium und theologischer Professur – nicht verstanden hat. Vor allem will er herausfinden, ob Jesus der Messias, der von Gott seinem Volk Israel gesandte Retter, sein könnte. Es war für Nikodemus eine Herablassung, zu Jesus zu gehen und mit ihm zu sprechen. Denn Jesus war kein Akademiker, kein studierter Theologe wie er. Außerdem kam er aus Galiläa: Was konnte aus Nazareth schon Gutes kommen? (Johannes 1,46). Nikodemus, Mitglied des jüdischen Hohen Rates, damit Teil der religiösen und politischen Elite Israels, redet Jesus trotzdem mit Rabbi, mit Meister, an. Er erkennt Jesus mit diesem Titel erstaunlicherweise als ebenbürtig an. Heften wir uns Nikodemus an die Fersen, um zu hören, was Jesus ihm auf seine Fragen antwortet.

Nachtgespräch mit Jesus

Der Evangelist berichtet, dass Nikodemus bei Nacht zu Jesus gekommen ist. Die kühle Nacht war in der Antike häufig die Zeit des konzentrierten ungestörten theologischen Gesprächs. Vielleicht spielte auch eine Rolle, dass Nikodemus nicht mit Jesus zusammen gesehen werden wollte. Offensichtlich hat er ihn predigen hören. Dabei ist es ihm wie dem übrigen Volk ergangen: Noch nie ist er einem Menschen begegnet, der solche Worte wie Jesus geredet hat. Sie sind ihm durch und durch gegangen. Dadurch ist er von der Wahrheit der Botschaft Jesu überzeugt worden.

Sicher kannte Nikodemus Menschen, die Jesus von einer unheilbaren Krankheit geheilt hat. Eine Heilung hatte damals eine ungleich größere Bedeutung als heute. Nicht nur, dass die Medizin erst in den Anfängen stand. Vor allem gab es noch keine Krankenkassen und keine Sozialversicherungen. Vor allem chronisch Kranke waren völlig vom guten Willen ihrer Angehörigen abhängig. Wenn Jesus einen Menschen heilte, dann bedeutete das für den Kranken nicht nur die Wiedergewinnung seiner körperlichen und psychischen Gesundheit, sondern auch die Wiedereingliederung in die Gesellschaft. Er erhielt durch Jesus seine Würde zurück.

Nikodemus war überzeugt: Jesus musste ein besonderer Mensch sein, zumindest ein bedeutender, von Gott begabter Lehrer, der sich durch große Taten ausgewiesen hat. Genau wie das Volk war er jedoch unsicher, ob Jesus mehr war als das; ob er tatsächlich der Messias war, der das unterdrückte Volk von den Römern befreien würde. Um Klarheit zu erlangen, war Nikodemus zu Jesus gekommen.

Von Neuem geboren werden

Gleich das Erste, was Jesus ihm auf diese Frage hin antwortet, zieht Nikodemus den Boden unter den Füßen weg: „Wenn jemand nicht von Neuem geboren wird, so kann er das Reich Gottes nicht sehen" (V. 3). Die Frage, ob Jesus der Messias ist oder nicht, kann nur jemand beantworten, der von Neuem geboren ist. Nikodemus hat Jesus nach dieser Antwort sicher fassungslos angeschaut. Er hat so reagiert, wie wahrscheinlich auch wir reagiert hätten. Nikodemus fragt ungläubig: „Wie kann ein Mensch geboren werden, wenn er alt ist? Kann er denn wieder in seiner Mutter Leib gehen und geboren werden?" (V. 4). Nikodemus ist natürlich überzeugt: Das alles ist unmöglich! Ein alt gewordener Mensch kann nicht von Neuem geboren werden. Sosehr er sich das vielleicht wünschen mag. Trotz Anti-Aging, Fitness und Wellnessprogrammen kann niemand dem Prozess des Alterns entgehen. Angesichts dieser trüben Aussichten klingen die Worte Jesu von der Neugeburt wie ein schönes, aber unglaubliches Märchen.

Dennoch ist dieses Märchen wahr. Es gibt eine Möglichkeit, dass ein Mensch von Neuem geboren wird, dass er Anteil bekommt an der ewigen Jugend Gottes. Jesus erklärt anhand eines Gegensatzpaares, wie das geschehen kann: „Wenn jemand nicht geboren wird aus Wasser und Geist, so kann er nicht in das Reich Gottes kommen. Was aus dem Fleisch geboren ist, das ist Fleisch; und was aus dem Geist geboren ist, das ist Geist" (V. 5f). Jeder Mensch verdankt seine Existenz dem Willen von anderen Menschen, normalerweise von Vater und Mutter. Und so wie Vater und Mutter eines Tages sterben müssen, wird auch jedes Kind eines Tages von dieser Welt Abschied nehmen müssen. Es gibt nur eine Möglichkeit, dieses Naturgesetz von Geborenwerden und Sterbenmüssen zu überwinden: durch das Neu-Geborenwerden aus Wasser und Geist. Und nur solch ein Wiedergeborener besitzt das notwendige Sensorium für die Dinge der himmlischen Welt.

Wasser und Geist

Im Mittelalter wurden die Säuglinge bei der Taufe dreimal vollständig untergetaucht. Damit sollte zum Ausdruck gebracht werden, dass der Täufling in den Tod Jesu Christi getauft wird und durch das Herausheben aus der Taufe zu einem neuen Leben mit dem auferstandenen Christus berufen ist. Jesus Christus gibt dem Täufling Anteil an seinem eigenen ewigen Leben.

Die Taufe mit Wasser symbolisiert die neue Geburt des Menschen aus Gott. Dass gerade Wasser das himmlische Leben eindrucksvoll darzustellen vermag, begreift jeder am besten an einem heißen Sommertag. Wer sich an einem solchen Tag im kühlen Wasser eines Sees erfrischt hat, spricht oft aus tiefster Seele: „Jetzt fühle ich mich wie neugeboren!"

Außer zum Trinken benutzen wir Wasser täglich zum Waschen. Auch aus diesem Grund wird es bei der Taufe verwendet: Es symbolisiert nicht nur das neue Leben aus Gott, das der Täufling erhalten soll, sondern auch die Voraussetzung dazu: das Abwaschen der Sünden. Neugeboren durch das Wasser der Taufe bedeutet also: Im Glauben an Jesus Christus werden dem Täufling seine Sünden abgewaschen und es wird ihm neues, ewiges Leben geschenkt.

Zur Neugeburt eines Menschen ist neben dem Wasser darüber hinaus noch ein Zweites, nämlich der Geist, nötig. Jesus sagt zu Nikodemus: „Wenn jemand nicht geboren wird aus Wasser und Geist, so kann er nicht in das Reich Gottes kommen" (V. 5). Was meint Jesus mit dem Geist? Im Gespräch mit Nikodemus vergleicht er den Geist Gottes mit dem Wind: „Der Wind bläst, wo er will, und du hörst sein Sausen wohl; aber du weißt nicht, woher er kommt und wohin er fährt. So ist ein jeder, der aus dem Geist geboren ist" (V. 8). Dieser Vergleich soll deutlich machen: So wenig berechenbar, so unverfügbar wie der Wind ist auch derjenige, der aus dem Geist geboren ist.

Jesus spricht hier von sich selbst. Er ist aus dem Geist geboren, wie die Weihnachtsgeschichten bei Matthäus und Lukas bezeugen (Matthäus 1,18.23; Lukas 1,34f) und wie es im Apostolischen

Glaubensbekenntnis heißt: „Empfangen durch den Heiligen Geist, geboren von der Jungfrau Maria." Er verdankt seine Existenz dem Geist Gottes, nicht der Zeugungskraft eines Mannes. Darum ist das Geheimnis des Lebens Jesu Christi auch nur mithilfe des Geistes Gottes zu erkennen. Jesus macht Nikodemus klar: „Wenn du an mich als den Retter und Heiland Israels glauben willst, brauchst du durch den Geist erleuchtete Augen des Herzens. Nur der Geist kann dir den Glauben an mich schenken." Der Glaube ist ein unverfügbares Geschenk des Geistes Gottes. Nur durch Wasser und Geist erhalten Menschen Anteil am göttlichen Leben. Gottes Geist befreit aus krankmachenden Selbst- und Fremdfestlegungen und führt Menschen über ihre natürlichen Möglichkeiten hinaus und schenkt ihnen ein Leben in Freiheit und Würde.

Die Erzählung von der nächtlichen Begegnung zwischen Jesus und Nikodemus hat ein offenes Ende. Es wird nicht berichtet, ob Nikodemus zum Glauben an Jesus als den Messias gekommen ist. Allerdings ist später im Johannesevangelium davon die Rede, dass er sich vor dem Hohen Rat für Jesus einsetzte und half, ihn zu begraben (7,50; 19,33).

Der besessene Knabe: Zum Verhältnis von Heilung und Glauben (Markus 9,17-27)

Die Erzählung von der Heilung des besessenen Knaben steckt voller Dramatik. Sie kreist wie eine Ellipse um zwei Brennpunkte: Den einen Brennpunkt bildet das Heilungswunder, den anderen stellt der Glaube dar. Beide Themen sind untrennbar aufeinander bezogen. Dabei fällt auf, dass die Erzählung zu beiden Themen keine einfachen Antworten gibt. Im Gegenteil: Es drängt sich der Eindruck auf, dass einfache Antworten „aufgeraut", gegen den Strich gebürstet werden sollen.

Derjenige, um den sich in der Erzählung alles dreht, der besessene Knabe, bleibt selber passiv. Die Formel, mit der Jesus den Exorzismus durchführt, legt nahe, dass der Knabe sprach- und gehörlos war: „Du sprachloser und tauber Geist, ich gebiete dir, dass du von ihm ausfahrest und fahrest hinfort nicht in ihn!" (V. 25). Der Knabe bleibt im Hintergrund, weil er völlig angewiesen ist auf die Fürsorge seines Vaters und die Hilfe von Jesus.

Heilung trotz Zweifel

Schauen wir uns zunächst den ersten Brennpunkt der Erzählung an, das Heilungswunder. Es erfolgt keineswegs selbstverständlich. Vielmehr müssen zuvor drei mächtige Hindernisse überwunden werden. Das erste Hindernis stellt die mangelnde seelsorgliche Vollmacht der Jünger dar. Der Vater hatte sie gebeten, seinen Sohn zu heilen. Erstaunlicherweise waren sie dazu nicht in der Lage – obwohl der Evangelist Markus wenige Kapitel vorher berichtet, dass Jesus sie aussandte und ihnen Vollmacht gab, selber Wunder zu vollbringen: Kranke zu heilen, Dämonen auszutreiben und das Evangelium zu verkündigen. Voller Freude berichteten sie Jesus bei ihrer Rückkehr von ihren Erfolgen. In unserer Erzählung ist ihr Enthusiasmus verflogen. Sie sind mit ihren Möglichkeiten an eine scheinbar unüberwindliche Grenze gestoßen. Bemerkenswert, wie Jesus reagiert, als er davon erfährt. Er ist von der Unfähigkeit seiner Jünger schwer enttäuscht – und scheint überdies am Erfolg seiner eigenen Sendung zu zweifeln: „O du ungläubiges Geschlecht!" (Markus 9,19), ruft er aus. Gerade die Enttäuschung Jesu über seine Jünger gibt der Erzählung ein menschliches Gesicht. Trotz seiner besonderen Herkunft und Sendung war Jesus ein wirklicher Mensch!

Die Menschlichkeit des Seelsorgers Jesus zeigt sich auch im Fortgang der Erzählung. Er lässt sich von der Not des Vaters und seines Sohnes berühren. Sie geht ihm zu Herzen. Darum bittet er den Vater, ihm den Krankheitsverlauf genau zu berichten. Dadurch tritt auch uns die Krankheit des Sohnes plastisch vor Augen. Sie wird in ihrer ganzen Tragik erkennbar. Wir können gut nachvollziehen, wie der Vater jahrelang gelitten haben muss. Von Geburt an ist der Sohn ein Gezeichneter, ja mehr als das: Ständig belauert ihn der Tod. Jesus vollbringt kein Schauwunder, um seine eigene Vollmacht zu demonstrieren. Vielmehr heilt er den Jungen, weil er Mitleid mit ihm und seinem Vater hat.

Zuvor muss allerdings noch ein zweites Hindernis beseitigt werden. Zwar hat der Vater nicht aufgegeben, als die Jünger seinem Sohn nicht helfen konnten, sondern sich direkt an Jesus gewendet. Aber ihm fehlt nach der Enttäuschung über die Jünger das volle Zutrauen in die seelsorgliche Vollmacht Jesu. Das geht aus den Worten hervor, mit denen er Jesus anspricht: „Wenn du aber etwas kannst, so erbarme dich unser und hilf uns!" (V. 22). Etwas Entscheidendes bringt der Vater allerdings mit: Er weiß genau, was er von Jesus will. Mit allen Fasern seines Herzens möchte er, dass seinem Sohn geholfen wird. Dabei ist er ehrlich und verschweigt seine Zweifel nicht, ob Jesus tatsächlich helfen kann. Erstaunlich am Fortgang der Geschichte ist, dass Jesus seine seelsorgliche Hilfe nicht von der Größe des Glaubens des Vaters abhängig macht. Jesus knüpft seine Hilfe nicht an die Überwindung des Zweifels. Zweifel stellen kein Hindernis dar, um die seelsorgliche Hilfe Jesu zu erfahren! Er hilft ohne Vorbedingungen oder Vorleistungen.

Schließlich muss Jesus noch ein letztes Hindernis auf dem Weg zur Heilung überwinden. Gerade die Befreiung des Knaben vom sprachlosen und tauben Geist bringt diesen an den Rand des Todes. Als ob der böse Geist am Ende noch einmal zeigen wollte, welche Macht er über den Knaben besitzt. Die Krisis tritt ein – die Umstehenden sind überzeugt, dass der Knabe gestorben ist. Sie meinen, dass auch Jesus ihm nicht helfen konnte und dass selbst Jesus bei ihm an die Grenze seiner Möglichkeiten gekommen ist. Auch er ein letztlich hilfloser Helfer?! Doch Jesus lässt sich nicht beirren. Er kennt seine eigenen Möglichkeiten. Darum vermag er den Totgeglaubten aufzurichten und seinem Vater zurückzugeben. „Und er stand auf." Der Sohn beginnt sofort, sich wie ein Gesunder zu verhalten.

Die Wundergeschichten in den Evangelien gehören zu den seelsorglichen Problemzonen, an denen sich die Gemüter von Christen und Nichtchristen immer wieder erhitzt haben. Welche Gründe sind dafür verantwortlich? Schon ein oberflächlicher Blick auf die Evangelien zeigt, dass die Wundererzählungen einen breiten Raum einnehmen. Sie gehören zum Kernbestand der Überlieferung vom irdischen Jesus und können darum nicht als ein für dessen Seelsorge bedeutungsloses Randthema abgetan werden. Angesichts des naturwissenschaftlich geprägten Weltbildes, das vom 19. bis weit ins 20. Jahrhundert das Denken vieler Menschen in Europa bestimmte, bildeten die Wundergeschichten seitdem ein großes Glaubenshindernis. Dieses Weltbild erlaubte es nicht, mit Wundern zu rechnen, durch die die Naturgesetze durchbrochen werden. Es war in diesem Weltbild mit seinen ehernen Gesetzen nicht denkbar, dass Gott in den Weltlauf – in Natur oder Geschichte – unmittelbar eingreift. Die Autoren der Evangelien sind im Gegensatz dazu – ganz unreflektiert – der Überzeugung, dass die Wundererzählungen reale Vorgänge wiedergeben.

Am Beginn des 20. Jahrhunderts wurde durch Albert Einsteins Entdeckung der Relativitätstheorie und Max Plancks Unschärferelation das bis dahin vorherrschende geschlossene naturwissenschaftliche Weltbild aufgesprengt. Es ist nicht so, dass in der Natur eine Ursache zwangsläufig eine ganz bestimmte Folge nach sich ziehen *muss*. Das heißt nicht, dass mithilfe der neuen physikalischen Erkenntnisse Wunder beweisbar würden. Die mit den naturwissenschaftlichen Neuentdeckungen verbundene Überwindung des geschlossenen Weltbildes lässt ein Wunder jedoch nicht mehr als denkunmöglich erscheinen. Allerdings sind diese revolutionären Erkenntnisse der modernen Physik in ihrer ganzen Tragweite immer noch nicht von der Allgemeinheit aufgenommen worden.

Seelsorge im Spannungsfeld zwischen Glauben und Unglauben

Die Wunder Jesu sind in den Evangelien keine Schauwunder, haben also keinen Wert in sich selbst. Vielmehr sind es Zeichen, Signale für das in die Welt hereindrängende Reich Gottes. Sie sollen zeigen, dass Jesus von Nazareth der Messias ist. An ihnen wird erkennbar, dass durch Jesus das Reich Gottes in die Welt gekommen ist. Jesus will durch seine Wunder Menschen eine Brücke zum Glauben bauen. Das macht der zweite Brennpunkt unserer Erzählung deutlich: der Glaube. Mit ihm betreten wir vertrauteres Gelände als beim Thema Wunder. Zumindest wirkt es auf den ersten Blick so. Beim genaueren Hinsehen zeigt sich allerdings, dass die Geschichte von der Heilung des besessenen Knaben auch in dieser Hinsicht Vertrautes infrage stellt. Als Erstes fällt auf: Der Glaube erscheint als eine dynamische Angelegenheit. Also nicht als etwas, das man hat oder nicht hat, oder als eine Sache, die ein für alle Mal feststünde. Gute Nachricht für alle, deren Glaube schwach ist oder die gar nicht glauben können.

Die Erzählung verschweigt den Unglauben nicht. Erstaunlicherweise spricht sie aber zunächst nicht etwa vom Unglauben der Ungläubigen, sondern vom Unglauben der Gläubigen, sogar vom Unglauben der Jünger. Ihr Unglaube wiegt in den Augen Jesu schwer. Haben sie doch all die Wunder gesehen, die er schon vollbracht hat. Bei vielen waren sie unmittelbar beteiligt. Überdies haben sie im Auftrag Jesu selbst Wunder getan. Angesichts der Besessenheit des Knaben versagt jedoch ihr Glaube. Die Erzählung gibt keine Erklärung dafür, woran das lag. Eines ist allerdings deutlich: Auch Seelsorger sind vor Unglauben nicht gefeit. Es gibt Glauben nicht auf Vorrat. Er muss immer neu errungen werden!

Das Gespräch Jesu mit dem Vater des kranken Knaben gipfelt in der Frage nach dessen Glauben. Jesus kontrastiert den Wankelmut, der aus dessen Worten spricht, „Wenn du aber etwas kannst", mit der Beschreibung eines festen und erhörungsgewissen Glaubens: „Alle Dinge sind möglich dem, der da glaubt." Jesus lässt dem Vater den vagen Glauben nicht durchgehen. Er deckt auf, wie schwach dessen Vertrauen in Gottes Güte und Fürsorge ist. Eine Schwäche, die zwar durchaus verständlich ist, wenn man sich vor Augen hält, wie viele Jahre der Knabe unter der Besessenheit litt und wie viele vergebliche Versuche der Vater wahrscheinlich schon unternommen hat, um seinem Sohn zu helfen. Man kann sich leicht vorstellen, dass seine Hoffnung erschöpft ist, zumindest nicht allzu hochgespannt, schon aus Selbstschutz, um eine weitere Enttäuschung möglichst klein zu halten.

Der Seelsorger Jesus jedoch möchte den Vater geistlich weiterbringen. Er ist kein gewöhnlicher Wunderheiler. Jesus ist der Messias Israels, der ihm von Gott gesandte Helfer. Er hat die Vollmacht zu tun, worum man ihn bittet. Wie reagiert der Vater auf die Zumutung Jesu, ihm ohne Vorbehalt zu vertrauen? Spontan, aus der Tiefe seines Herzens, ruft er aus: „Ich glaube – hilf meinem Unglauben!" Die ganze Ambivalenz seines Glaubens kommt in diesem Ausruf zum Ausdruck: „Ich glaube – hilf meinem Unglauben!" Was will er mit diesem logisch nicht zusammenzubringenden Satz sagen? Er möchte glauben, dass Jesus seinem Sohn zu helfen vermag, aber kann diesen Glauben nicht von sich aus aufbringen.

Der Ausruf des Vaters wird von den Bibelauslegern sehr unterschiedlich ausgelegt. Die einen gehen davon aus, dass dieser Glaube im Spannungsfeld von Zweifel und Vertrauen die Normalform von Glauben darstellt. Andere sind der Auffassung, dass es sich dabei nur um ein Durchgangsstadium auf dem Weg zu einem reifen und festen Glauben handeln kann. Wer hat recht? Jeder Christ wird immer wieder in Situationen kommen, in denen er wie der Vater nur ausrufen kann: „Ich glaube – hilf meinem Unglauben!" Angesichts übergroßer Schwierigkeiten und Nöte ist es normal, dass der Glaube an Gottes Macht und Gottes Beistand schwindet und sich der Unglaube im Herzen ausbreitet. Alles, was man früher an Hilfe von Gott erfahren hat, verblasst angesichts der gegenwärtigen Not. Aber es gibt auch das andere: Dass man durch viele Erfahrungen der Hilfe Gottes in der Vergangenheit sich nicht so leicht aus der ruhigen Zuversicht herausbringen lässt, dass Gott auch diesmal helfen wird.

Den Glauben gibt es nicht ohne den Zweifel. Wie ein Schatten begleitet der Zweifel den Glauben jedes Menschen. Dies zu leugnen, führt unweigerlich zu Heuchelei und Hochmut. Umgekehrt gibt es auch eine falsche Heroisierung des Zweifels. Als ob die höchste Demut des Glaubens gerade im Zweifel bestünde. Damit kann man sich weder auf die Evangelien noch auf die Briefe des Apostels Paulus berufen. Es gibt ein Wachstum im Glauben. Das hat Luther anschaulich in folgendem Satz zum Ausdruck gebracht:

> *Das christliche Leben ist nicht Frommsein, sondern ein Frommwerden, nicht Gesundsein, sondern ein Gesundwerden, nicht Sein, sondern ein Werden, nicht Ruhe, sondern eine Übung. Wir sind's noch nicht, wir werden's aber. Es ist noch nicht getan und geschehen, es ist aber im Gang und Schwange. Es ist nicht das Ende, es ist aber der Weg. Es glühet und glänzt noch nicht alles, es bessert sich aber alles.*[18]

Ohne diese Dynamik wird der Glaube schnell zu einer langweiligen, ja toten Angelegenheit.

In den Briefen aus der Haftzeit spricht Dietrich Bonhoeffer von Stufen der Erkenntnis und Bedeutsamkeit.[19] Dahinter steckt ein zutiefst seelsorgliches Anliegen. Die Kirche kann, ja darf nicht fordern, dass jemand alle Inhalte des christlichen Glaubens auf einmal erfassen soll. Der Glaube ist ein Weg. Ein Weg, auf dem jeder die Chance hat, sich die großen Wahrheiten des Christentums zu eigen zu machen. Auch das Apostolische Glaubensbekenntnis beschreibt einen Raum des Glaubens, den es ein ganzes Leben lang zu erforschen gilt. Es stellt eine Einladung dar, in die Welt des Glaubens hineinzuwachsen. Es wäre vermessen, all das, was die Christenheit in ihrer langen Geschichte durch viele Irrungen und Wirrungen hindurch erkannt hat, auf einmal erfassen zu wollen. Das gilt übrigens für Laien und studierte Theologen gleichermaßen; für Studierende genauso wie für Lehrende der Theologie. Wie schön, im Glauben an Jesus Christus immer wieder Neues erfahren und in der Erkenntnis Gottes wachsen zu können! Die Seelsorge Jesu stellt sich auf diesem Hintergrund als Wachstumshilfe zum Glauben dar.

Die Emmausjünger: neuer Glaube angesichts zerstörter Hoffnung (Lukas 24,13-35)

Nichts wie weg!

Das muss man den beiden Emmausjüngern lassen: Konsequent sind sie. Offensichtlich brauchen sie dringend Abstand von Jerusalem. Und von diesem Plan lassen sie sich durch nichts und niemand abbringen – nicht einmal durch Gerüchte, dass ihr gekreuzigter Herr und Meister auferstanden sein soll. Zu sehr erinnert sie in Jerusalem alles daran, was sie mit ihrem geliebten Jesus erlebt haben: Mit großen Hoffnungen haben sie seinen Einzug in Jerusalem nur eine Woche zuvor begleitet! Mit überschwänglichem Hochgefühl haben sie zusammen mit der Menschenmenge am Palmsonntag gesungen: „Hosianna, gelobt sei, der da kommt im Namen des Herrn!" (Johannes 12,13). Er hat zu ihnen mit Vollmacht geredet – so ganz anders als andere Prediger. Seine Worte gingen ihnen durch und durch. Sie fühlten sich unmittelbar angesprochen. Jesus verstand sie und konnte wunderbar trösten. Zudem vollbrachte er noch nie gesehene Wunder: Er speiste Hungrige, heilte Kranke und vermochte sogar Verstorbene zu neuem Leben zu erwecken. Sie haben Jesus von Nazareth deshalb als von Gott gesandten Propheten verehrt. Und das war noch nicht alles! Die Jünger glaubten, er wäre der Messias Israels. Jesus würde das zerstrittene Volk einen und endlich mit den verhassten Römern fertigwerden. „Wir aber hofften, er sei es, der Israel erlösen werde" (V. 21).

Doch es war ganz anders gekommen: Hohepriester und Hoher Rat, die geistlichen und weltlichen Machthaber Israels, haben Jesus an die Römer ausgeliefert, damit diese an ihm die Todesstrafe vollstreckten. Erst drei Tage liegt seine Kreuzigung zurück. Ein fürchterliches Geschehen. Seit der Kreuzigung ihres Meisters sind alle ihre Hoffnungen als Illusionen entlarvt. Sie haben sich einfach in Luft aufgelöst. Ständig müssen die Jünger an Karfreitag denken; ständig müssen sie darüber reden. Grauen und Hoffnungslosigkeit halten sie fest im Griff. Nur weg von Jerusalem. Abstand – und wenn es nur zwei Wegstunden sind!

Die beiden Jünger sind derart traumatisiert, dass sie für die merkwürdige Nachricht der Frauen, die zum Jüngerkreis Jesu gehören, keinerlei Aufnahmevermögen haben! Das Grab sei leer, haben die Frauen behauptet. Ein Engel, ein Bote von Gott selbst, sei ihnen erschienen und habe ihnen verkündigt, dass Jesus lebe. Alles Unsinn! Geschwätz – mehr nicht. Eben Frauen. Nur nicht noch einmal enttäuscht werden. Die beiden Emmausjünger – Kleopas und sein namenloser Begleiter – lassen sich durch dieses unglaubwürdige Gerede nicht irritieren. Abstand ist nötig, damit nicht auch sie noch – wie die Frauen – in krankhafte Hysterie verfallen.

Es gibt wohl niemanden, der in seinem Leben noch keine bitteren Enttäuschungen erlebt hätte: im privaten, im beruflichen oder im gemeindlichen Leben. Wer wüsste nicht, wie es sich anfühlt, wenn Hoffnungen und Träume wie Seifenblasen zerplatzen. Wenn ein Mensch, der jahrelang mit uns durch dick und dünn gegangen ist, sich plötzlich ohne erkennbaren Grund aus unserem Leben verabschiedet. Wenn trotz aller Gebete eine schwere Krankheit nicht weichen will. Oder wenn es einfach nicht möglich ist, mit einer hartnäckigen Sünde und Belastung fertigzuwerden.

Gerade in solchen Situationen, die wie eine Sackgasse ohne Ausweg erscheinen, haben viele Menschen aber auch das andere erlebt. Dass das Leben unerwartet, auf geheimnisvolle Weise, weiterging: Eine verzweifelte Situation wurde zum Ausgangspunkt für einen nicht mehr für möglich gehaltenen Neuanfang, für eine zweite Chance. Eine neue Perspektive eröffnete sich: Jemand wagte es, eine neue Beziehung einzugehen oder fand endlich eine Arbeitsstelle, die ihn erfüllte und ihm Befriedigung verschaffte. Manch einer hat auch erfahren, dass Gott ihm gerade in einer ausweglosen Situation begegnete – zum ersten oder auch zum wiederholten Male. Dadurch veränderten sich die seitherigen Prioritäten des Lebens: Plötzlich fingen Menschen an, sich für geistliche Dinge, für den Glauben und für die christliche Gemeinde zu interessieren.

Nicht anders ergeht es den beiden Emmausjüngern: Gerade in dem Augenblick, wo all ihre Hoffnungen zerstört sind, begegnen sie dem Auferstandenen.

Ein ungewöhnliches Gespräch

Plötzlich ist Jesus wieder da und spricht mit seinen Jüngern – zunächst allerdings, ohne dass sie ihn erkennen. „Ihre Augen wurden gehalten" (V. 16). Schmerz und Trauer über den vermeintlichen Verlust des Freundes drücken sie derart nieder, dass sie keinen Blick für etwas anderes außer ihren Schmerz haben. Wir sahen schon, dass sie gar nicht aufhören können, über die letzten Lebenstage Jesu zu sprechen. Immer wieder müssen sie alles erzählen. Sie haben den Eindruck, sonst verrückt zu werden.

Viele kennen auch das aus eigener Erfahrung: Nur wenn wir über den geliebten Verstorbenen sprechen, bleibt er bei uns. Die Erinnerung an ihn hilft, sich über seine Abwesenheit hinwegzutrösten.

Die beiden Jünger auf dem Weg nach Emmaus finden in dem unbekannten Weggefährten jemanden, mit dem sie ihren Schmerz zu teilen vermögen. Sie können es gar nicht fassen, dass der Fremde der Einzige sein soll, der in Jerusalem nichts von den dramatischen letzten Lebenstagen Jesu mitbekommen hat. Vor Überraschung und Trauer bleiben sie unwillkürlich stehen, heißt es in der Geschichte. Dann erzählen die Jünger in aller Ausführlichkeit vom Leiden und Sterben Jesu. Sie verheimlichen dem unbekannten Weggefährten nichts – auch nicht die unglaubliche Geschichte vom leeren Grab und der Botschaft des Engels.

Die beiden Emmausjünger sind ein schönes Beispiel für die Wahrheit des Sprichwortes: „Wes das Herz voll ist, des geht der Mund über" (Lukas 6,45). Offensichtlich hat der Fremde ihr Vertrauen gewonnen.

Nachdem sie ihr Herz erleichtert haben, sind sie endlich bereit, auch ihm zuzuhören. Erstaunlich ist, dass der Auferstandene sie in ihrer Trauer und ihrem Schmerz keineswegs mit Samthandschuhen anfasst: „O, ihr Toren, zu trägen Herzens all dem zu glauben, was die Propheten geredet haben" (V. 25). Mit anderen Worten: „Wie könnt ihr bloß so dumm sein, die Aussagen der Bibel nicht ernst zu nehmen, ihnen nicht zu vertrauen!" Ohne zu widersprechen, lassen sich die Jünger einen derart schweren Vorwurf gefallen. Wahrscheinlich haben sie in diesen Minuten ein Déjà-vu-Erlebnis. In ihrem Unterbewusstsein ahnen sie bereits, dass es Jesus ist, der mit ihnen spricht. Der auferstandene Jesus wird mit ihnen nicht anders geredet haben, als es der irdische Jesus getan hat. Auch jetzt legt er ihnen die Heilige Schrift aus. Jesus deutet sein Geschick, sein Leiden, Sterben und Auferstehen, von der hebräischen Bibel, von unserem Alten Testament, her: Der Messias musste leiden, bevor er von Gott verherrlicht werden konnte.

Die meisten Juden, auch die Jünger Jesu, haben jedoch eine ganz andere Vorstellung vom Messias und dessen Wirken: Er würde kommen und im Glanz seiner Macht und Stärke die Römer vertreiben und endlich das so heiß ersehnte Reich Gottes aufrichten. Dass Jesus sein Reich durch Leiden und Sterben durchsetzen würde, im Verborgenen, gewaltlos und von der Masse unerkannt, damit rechnete niemand. Eine solche Vorstellung passte schlecht zu einem machtvollen und herrlichen Gott. Dabei hätte Israel es eigentlich besser wissen müssen: Dass äußere Macht und äußere Siege noch keinen Beweis waren für das Wirken ihres Gottes, hatten sie in ihrer langen Geschichte immer wieder erfahren. Die wahren Propheten Israels waren allesamt wegen ihrer unbequemen Botschaft verfolgt worden. Dass sie soziale Missstände schonungslos anprangerten, missfiel den Reichen und Mächtigen. Dass sie die Verehrung anderer Götter neben dem Gott Israels verurteilten, machte ihnen unter den einfachen Leuten keine Freunde. Auch die Wegführung in das Babylonische Exil durch den heidnischen König Nebukadnezar und die wunderbare Rückkehr 70 Jahre später hätte Israel zeigen können, dass Gott seine Macht – wie Luther es ausdrückt – unter ihrem Gegenteil verbirgt und gerade auf diesem Weg mit seinem Volk zu seinem Ziel kommt.

Immerhin, die beiden Emmausjünger scheinen durch die Bibel-auslegung des Fremden zwar noch nicht überzeugt, aber doch mindestens ins Nachdenken gekommen zu sein. Im Griechischen steht in der Emmausgeschichte für das Bibelgespräch Jesu mit seinen Jüngern das Wort *homilein*, „sich unterreden". Eine Predigt hat also nichts mit „anpredigen" zu tun, sondern sollte den Charakter eines Gesprächs haben. Es geht um einen echten Dialog zwischen Prediger und Gemeinde, um ein Frage-und-Antwort-Geschehen über der Bibel.

So viel steht fest: Die Worte Jesu haben für die beiden Emmaus-jünger offensichtlich etwas ungemein Tröstliches. Sie geben ihnen neue Hoffnung. Darum wollen sie, dass der Fremde bei ihnen bleibt: „Bleibe bei uns, denn es will Abend werden und der Tag hat sich geneiget" (V. 29). Der unerkannte Jesus soll ihnen weiter die Bibel auslegen und damit Klarheit in ihre Verwirrung, Licht in ihre Dunkelheit, Hoffnung in ihre Traurigkeit bringen. Jesus lässt sich tatsächlich einladen, den Abend mit ihnen zu verbringen. Er hatte auch nur so getan, als wollte er weitergehen.

Beim Brotbrechen erkannten sie ihn

Bisher steht für die Emmausjünger die entscheidende Erkenntnis ihres Gesprächs über die Bibel noch aus. Noch haben sie nicht be-griffen, dass Jesus bei der Auslegung der Heiligen Schrift ständig von sich selber gesprochen hat. Noch haben sie nicht erkannt, dass der Fremde Jesus selber ist. Erst beim gemeinsamen Abendbrot er-kennen die Jünger ihn. Dabei haben sie ihr zweites Déjà-vu-Erleb-nis an diesem Tag.

Die beiden Jünger haben sicherlich schon oft mit Jesus gegessen. Vielleicht haben sie sogar das letzte Abendessen am Gründon-nerstag miterlebt. Während Jesus im Gasthaus von Emmaus das Tischgebet spricht und das Brot bricht, werden ihre Augen geöffnet und sie erkennen ihn. Nicht schon die Bibelauslegung Jesu, son-dern erst das gemeinsame Abendessen lässt die Emmausjünger den

Auferstandenen erkennen. Martin Luther bezeichnete das Abendmahl als *verbum visibile*, als sichtbares Wort. Jeder Mensch ist eine Einheit von Leib, Seele und Geist. Kein Mensch ist also bloß Geist. Für Christen heute gilt deshalb nicht anders als für die beiden Emmausjünger vor fast 2000 Jahren, dass Jesus Christus ihnen gerade im Abendmahl begegnen will. In Brot und Wein lässt er sich sehen, ja sogar schmecken und anfassen. Darum hat Luther so vehement für die Erkenntnis gekämpft, dass Jesus beim Abendmahl nicht nur in der Erinnerung der Feiernden gegenwärtig ist. Auch nicht bloß in seinem Geist ist er dabei! Nein, er ist leibhaftig, real gegenwärtig: in, mit, unter Brot und Wein, wie der Reformator formuliert. Nur so ist nämlich gewährleistet, dass uns der Auferstandene unabhängig davon, was wir gerade fühlen und was wir gerade glauben, in Brot und Wein begegnen, uns seiner Nähe und seiner Freundlichkeit versichern kann.

Nachdem Jesus mit den Emmausjüngern das Brot gebrochen hat, verlässt er sie. In diesem Augenblick wird ihnen bewusst, dass ihr Herz bereits auf dem ganzen Weg gebrannt hat, als Jesus ihnen die Schrift auslegte und sein Leiden und Sterben als von Gott gewollt deutete. Dass sie unterbewusst bereits ahnten, dass Jesus selbst mit ihnen ging. Jetzt endlich verstehen sie.

Für die Echtheit ihrer Begegnung mit dem Auferstandenen spricht, dass sie von ihr regelrecht elektrisiert werden. Die Begegnung mit Jesus rüttelt sie auf. Nachdem sie ihn erkannt haben, ist ihre Hoffnungslosigkeit wie weggeblasen. Sie wissen sofort, was sie zu tun haben: Diese Erfahrung können und dürfen sie nicht für sich behalten. Die in Jerusalem gebliebenen Jünger müssen unbedingt so schnell wie möglich erfahren, dass Jesus tatsächlich auferstanden ist und lebt. Egal, wie gefährlich es ist, den Weg nach Jerusalem bei Nacht zu gehen, ohne Straßenbeleuchtung und ohne Taschenlampe: Sie brechen sofort auf.

Die beiden Jünger müssen von Emmaus nach Jerusalem zurückgerannt sein. Denn als sie in Jerusalem eintreffen, sind die anderen Jünger noch wach.

3.2 Seelsorge als Zuspruch der Vergebung

Ein Krimineller wird zum Vorbild des Glaubens: das Eingeständnis der Schuld als Königsweg des Glaubens (Lukas 18,9-14)

Gott als Tauschpartner

Der christliche Glaube stellt gerade für den religiösen, den frommen Menschen eine ungeheure Provokation dar. Warum? Jede Religion steht in der Versuchung, mit Gott ein Tauschgeschäft zu machen. Ein bestimmtes Verhalten soll dem religiösen Menschen Gottes Anerkennung verschaffen: Der religiöse Mensch bietet Askese, z. B. indem er fastet, Spenden, z. B. indem er von seinen Einnahmen den Zehnten gibt, und Gesetzestreue. Er hält die von Gott auferlegten religiösen Vorschriften ein – und um ganz sicherzugehen, übererfüllt er sie sogar. Verbunden mit einwandfreiem ethischem Verhalten soll ihm das im Gegenzug Gottes Wohlwollen sichern und ein ruhiges Gewissen und Selbstgewissheit, ja Selbstsicherheit, einbringen. Gott wird als Tauschpartner missverstanden.

Hinter einer solchen religiösen Vorstellung von Gott steht psychologisch gesehen die Erfahrung, die wir als Kinder mit unseren Eltern und anderen Erziehungspersonen gemacht haben: Verhielten wir uns so, wie die Eltern es von uns erwarteten, so waren diese mit uns zufrieden und schenkten uns ihre Liebe, ihre Aufmerksamkeit, ihre Zuwendung und ihr Lob. In der Konsequenz waren wir als Kinder glücklich und fühlten uns in der Liebe der Eltern und Erzieher geborgen. Aber wehe, wenn wir als Kinder die Erwartungen unserer Eltern nicht erfüllten, z. B. die gezogenen Grenzen und Verhaltensregeln übertraten. Dann erlebten wir die andere Seite des elterlichen Verhaltens. Wir wurden bestraft oder erfuhren mindestens, dass die Eltern mit uns unzufrieden waren und uns die gewohnte Anerkennung verweigerten.

Das Gleichnis Jesu vom Pharisäer und Zöllner stellt ein derartiges religiöses Denken radikal infrage. Auf diesem Hintergrund gelesen könnte das Gleichnis vom Pharisäer und Zöllner eine hochaktuelle Bedeutung für die Seelsorge heute gewinnen.

Der fromme Pharisäer

Schauen wir uns dazu die beiden von Jesus porträtierten Personen genauer an. Pharisäer und Zöllner haben zwei wesentliche Dinge gemeinsam: Beide beten, und zwar zu demselben Gott. Und beide gehören von Geburt an zu demselben von Gott erwählten Volk Israel. Aber damit sind ihre Gemeinsamkeiten auch schon erschöpft. Denn in gesellschaftlicher Stellung und Frömmigkeit – Gebetshaltung und Gebetsinhalt sprechen Bände – unterscheiden sie sich grundlegend. Der Pharisäer ist Teil des religiösen Establishments seines Volkes, das in Glaubensdingen den Ton angibt. Er scheint sich im Jerusalemer Tempel in der Nähe des Altars positioniert zu haben – um dadurch seine Nähe zu Gott für alle sichtbar zu demonstrieren. Indem er seine Hände zum Gebet erhebt – die damals übliche Gebetshaltung –, will er mit seiner Frömmigkeit von jedem Besucher des Tempels gesehen werden.

Wie jeder fromme Israelit ist der Pharisäer in den Tempel gekommen, um Gott zu danken und ihn zu loben. Schaut man allerdings genauer hin, was er zu Gott sagt, wird schnell deutlich: Er lobt in seinem Gebet weniger Gott als vielmehr sich selbst. Deshalb hat Johann Albrecht Bengel in seiner Auslegung des Neuen Testaments zu Recht festgestellt: „Es hat zwar den Anschein, er lobe Gott, in Wahrheit aber macht er sich selbst ein Compliment über seine Vorzüge. Er meint nur sich selbst.“[20] Anstatt von Gott Hilfe zu erbitten, führt der Pharisäer ein frommes Selbstgespräch, in dem er zum Ausdruck bringt, was für ein toller Mensch er ist. Er strotzt geradezu vor Selbstgewissheit und Selbstsicherheit. Ein derartiges ungetrübtes Selbstbewusstsein könnte einen fast schon wieder neidisch machen …

Dass sein Gebet den Charakter eines Selbstgespräches besitzt, wird durch seinen weiteren Verlauf bestätigt: Er vergleicht sich mit anderen Menschen, die in seinen Augen eindeutig weniger gut abschneiden als er: Diebe, Ungerechte und Ehebrecher. Am Ende nennt er ausdrücklich auch noch den Zöllner, mit dem zusammen er in den Tempelbezirk eingetreten ist. Nicht nur, dass alle vier genannten Menschen unbarmherzig auf ihre jeweilige Gesetzesübertretung reduziert werden. Wichtiger noch ist, dass sie die dunkle Folie bilden, auf deren Hintergrund seine eigenen Tugenden umso makelloser und heller strahlen.

Wichtig zum Verständnis ist: Nicht die Gesetzestreue und das engagierte Bemühen, den Willen Gottes zu tun, sind das Problem des Pharisäers. Das eigentliche Problem ist seine Selbstgerechtigkeit, die ihm aus allen Knopflöchern quillt. Obwohl er den Schein erweckt, ein Vorbild an Frömmigkeit zu sein, ist er in Wirklichkeit das genaue Gegenteil davon. Der bayerische Landesbischof Hermann Bezzel hat vor mehr als 100 Jahren treffend zum Ausdruck gebracht, was christlicher Glaube ist: „Frömmigkeit ist der Entschluss, die Abhängigkeit von Gott als Glück zu bezeichnen." Der Pharisäer jedoch bedarf Gottes gar nicht. Er scheint sich selbst vollkommen genug zu sein. Allerdings trügt der Schein: Denn erst der Vergleich mit dem Dieb, dem Ungerechten, dem Ehebrecher und dem Zöllner lässt den Pharisäer seiner selbst gewiss werden. In Wirklichkeit lebt sein Selbstbewusstsein von der moralischen Minderwertigkeit seiner Mitmenschen, von denen er sich abheben kann.

Der Zöllner als Prototyp eines Christen

Und nun zum Zöllner: Die Zöllner gehörten in Israel zur Zeit Jesu zu den von der Bevölkerung am meisten gehassten Menschen.

Nicht nur, dass sie mit der römischen Besatzungsmacht kollaborierten. Das römische Steuersystem erlaubte ihnen darüber hinaus, sich schamlos an ihren jüdischen Volksgenossen zu bereichern.

Umso auffälliger und bemerkenswerter, dass Jesus in unserem Gleichnis den Zöllner ohne Vorleistung gerechtspricht. Was ist der Grund dafür? Der Zöllner ist sich seiner Unwürdigkeit, seines Abstands von Gott, bewusst. Deshalb scheint er im Vorhof des Tempels stehen geblieben zu sein, um dort zu beten. Sein Schuldbewusstsein kommt äußerlich auch dadurch zum Ausdruck, dass er nicht die damals übliche Gebetshaltung einnimmt. Statt mit erhobenen Händen und zum Himmel gewandtem Antlitz hält er den Blick gesenkt und schlägt sich mit den Händen an die Brust. Auf diese Weise will er seine Bußgesinnung, seinen Schmerz und seine Ratlosigkeit zum Ausdruck bringen. Auch die Worte, die er betet, lassen eine völlig andere Haltung als die des Pharisäers erkennen: „Gott, sei mir Sünder gnädig." Mit diesen Worten legt er sein Leben völlig in Gottes Hände. Er beugt sich dem Urteil Gottes und erwartet alle Hilfe von ihm allein. Wenn jemand seinem Leben eine neue Ausrichtung geben kann, dann ist es allein Gott. „Gott, sei mir Sünder gnädig": Mit diesen wenigen Worten lässt er Gott Gott sein. Er hat offensichtlich alles falsche Vertrauen auf seine eigenen Möglichkeiten verloren. Seine ganze Hoffnung richtet sich auf Gott. Deshalb spricht Jesus den Zöllner gerecht und macht ihn zum Vorbild, ja zum Prototyp jedes Gläubigen, jedes Gott wohlgefälligen Menschen.

Gerecht aus Gnade

Jesus stellt damit die religiösen Maßstäbe seiner Zeit auf den Kopf. Der als fromm anerkannte Pharisäer wird verurteilt, während der allgemein als unfromm geltende Zöllner von Jesus gerecht gesprochen wird. Im Gleichnis vom Pharisäer und Zöllner lehrt der irdische Jesus nicht anders als später der Apostel Paulus, dass der Mensch allein durch Gottes Gnade gerechtfertigt wird. Gott vergibt ohne religiöse Vorleistungen und nimmt ohne fromme Vorbedingungen in seine Gemeinschaft auf.

Könnte es sein, dass auch heute eine solche Umwertung wieder nötig ist? Das hieße, dass die bloße Mitgliedschaft in der Kirche nicht automatisch eine Eintrittskarte in den Himmel darstellt – wie umgekehrt einem agnostischen Menschen nicht automatisch der Himmel verschlossen bleiben muss.

Hinter einem Agnostiker, ja sogar hinter einem dezidierten Atheisten, kann sich ein ernsthafter Gottsucher verbergen. „Der Fluch des Gottlosen kann in Gottes Ohren angenehmer tönen als das Halleluja des Frommen", soll Luther einmal gesagt haben.[21] Hüten wir uns als Christen vor Schablonisierungen und vorschnellen Verurteilungen! Das wäre nicht nur der Wirklichkeit angemessener, sondern hätte auch den Vorteil, dass dadurch die Schwelle zu Gott und zum Glauben für Menschen außerhalb der Kirche niedriger, weniger unüberwindlich, würde.

Heilende Wirkung des Zöllner-Gebets

Das Gebet des Zöllners: „Gott, sei mir Sünder gnädig!" gilt in der orthodoxen Kirche bis heute als das christliche Mustergebet schlechthin.[22] Inzwischen hat es in der Form: „Herr, erbarme dich!" oder „Herr Jesus Christus, erbarme dich meiner!" auch im Westen Anhängerinnen und Anhänger gewonnen. Viele Menschen spüren, dass in diesem sog. Jesus- oder Herzensgebet die Beziehung zwischen Mensch und Gott angemessen zum Ausdruck gebracht wird. Luther verstand den Menschen als von Gott zu rechtfertigenden Sünder.[23] Die regelmäßige Praxis des Jesusgebets hilft, sich in die damit verbundene Haltung gegenüber Gott, dem Nächsten und sich selbst einzuüben. Wer dieses Gebet täglich fünf oder zehn Minuten lang wiederholt, wird erfahren, dass dadurch heilende Kräfte in sein Leben strömen. Gott vergibt ihm in Jesus Christus täglich seine Schuld und sein Versagen und lässt ihn neu anfangen.

Ein korrupter Wirtschaftsmanager will Jesus sehen - koste es, was es wolle: Befreiung von der Macht des Geldes (Lukas 19,1-10)

Wer war Zachäus?

Nur der Evangelist Lukas berichtet in seinem Evangelium von ihm – und auch er gibt nur ganz knapp Auskunft. In der Begegnung mit Jesus tritt er aus dem Dunkel der Geschichte heraus und verschwindet danach wieder in ihm. Lapidar heißt es: Zachäus war ein Oberer der Zöllner und war reich. In unsere Lebenswelt übersetzt bedeutet das: Zachäus war ein erfolgreicher Wirtschaftsmanager und konnte sich leisten, was er wollte. Geld spielte keine Rolle für ihn, wie es fälschlicherweise das Sprichwort suggeriert. In Wirklichkeit spielte das Geld nämlich die alles entscheidende Rolle in seinem Leben!

Wie sah seine Tätigkeit im Einzelnen aus? Zachäus hatte von der römischen Besatzungsmacht die Steuerhoheit für ein bestimmtes Gebiet um Jericho herum erworben. Damit verbunden war das Recht, mit einer entsprechenden Anzahl von Mitarbeitern von den Einwohnern Steuern einzuziehen. Zudem war Jericho schon damals Grenzstadt, sodass noch Einnahmen aus dem Zollwesen hinzukamen. Über Jericho führten verschiedene wichtige Straßen aus den angrenzenden arabischen Ländern nach Jerusalem hinauf. Zachäus war also Chef eines ganzen Finanzimperiums – kein schlecht bezahlter Posten. In der Antike war er noch lukrativer als heute, weil die Steuergesetzgebung weit mehr Lücken aufwies. Zachäus hatte an die Römer einen bestimmten Steuerbetrag für sein Gebiet abzuführen. Auf welche Weise er das Geld eintrieb und wie viel Geld er darüber hinaus einnahm, war den Römern egal. Hauptsache, sie hatten den Ärger los und es kamen nicht zu viele Klagen wegen Korruption der Steuereinnehmer vor den römischen Statthalter.

Ein einträgliches Geschäft also, das Zachäus da ausübte – sofern er tüchtig war und einigermaßen maßzuhalten verstand. Es hatte nur einen entscheidenden Nachteil: Indem er mit den heidnischen Römern zusammenarbeitete, war er in der jüdischen Gesellschaft geächtet. Er war ein mieser Kollaborateur! Indem er mit Unreinen gemeinsame Sache machte, war er selber zum Unreinen geworden. Die jüdische Gesellschaft mied Leute wie ihn. Dies umso mehr, als auch viele andere Juden aus den unterschiedlichsten Gründen mit den Römern zusammenarbeiteten: im Handel, beim Straßen- und Wohnungsbau, beim Bau von Wasserleitungen und Kanalisationen. Auch da war gutes Geld zu verdienen. Nur plünderte man nicht so offensichtlich wie Zachäus die eigenen Leute aus. Angesichts des eigenen schlechten Gewissens brauchte man dringend einen Sündenbock. Dazu eigneten sich Zachäus und seinesgleichen vorzüglich. Hauptsache, man selbst wahrte den frommen Schein. Dieser Ausweg war dem Zachäus verschlossen.

Warum wollte Zachäus Jesus sehen?

Lukas gibt als Grund nur die Neugierde an: „Er begehrte, Jesus zu sehen, wer er wäre." Aus dem Zusammenhang lassen sich aber einige weitere Hinweise erschließen. Immer wieder erzählen Lukas und auch die anderen Evangelisten, dass Jesus mit „den Zöllnern und Sündern", d. h. mit korrupten Finanzleuten und Prostituierten, gegessen und getrunken habe (z. B. Lukas 5,27-32; 15,1f). Das war in den Augen der Pharisäer und der Theologen, die sich zu deren Partei zählten, ein Skandal. Als frommer Mann, erst recht als Rabbi, d. h. als jüdischer Gesetzeslehrer, mied man den Umgang mit kultisch Unreinen. Das aber waren die Zöllner, da sie mit den heidnischen Römern verkehrten. Mit solchen Leuten gab man sich nicht ab. Man machte sich nicht gemein mit Menschen, die sich nicht zur Synagoge hielten, die nicht regelmäßig zur Kirche gingen, die „unkirchlich" waren. Wer nicht kultfähig war, war zu damaligen Zeiten auch nicht gesellschaftsfähig.

Jesus jedoch tat all das, indem er mit Zöllnern und Sündern, mit Wirtschaftskriminellen und Huren – noch dazu in deren

Häusern – aß und trank. Er hatte offensichtlich sogar Freude am Umgang mit ihnen! Skandalös. Diesem Vorwurf war Jesus von Anfang an mit der Feststellung begegnet: „Die Gesunden bedürfen des Arztes nicht, sondern die Kranken. Ich bin nicht gekommen, Gerechte zu rufen, sondern Sünder zur Buße" (Lukas 5,31f). Jesus sah in seiner seelsorglichen Zuwendung zu den kirchenfernen Zeitgenossen einen wesentlichen Schwerpunkt seiner Berufung. Gerade darin erfüllte sich, dass er der Christus, der Heiland, war. Die Pharisäer, die religiös Heiß-Temperierten der damaligen Zeit, fassten es nicht: Wie konnte ein Rabbi, gar ein Rabbi, der behauptete, der Messias zu sein, sich mit solchen Abgefallenen abgeben, anstatt seine ganze Energie in die Erbauung und Stärkung der Frommen zu stecken?

Dem Ganzen die Krone aufgesetzt hatte Jesus, als er einen Zöllner in seine engere Jüngerschaft berief: Levi, auch genannt Matthäus, war von Jesus direkt von seinem Zollhäuschen weggerufen worden (Lukas 5,27-32). Levi war zwar nur ein kleiner Zollbeamter. Zachäus war ihm in der Hierarchie haushoch überlegen. Trotzdem: Berichte, Zeitungsartikel über das ganz und gar aus dem Rahmen fallende Verhalten Jesu von Nazareth werden Zachäus sicher erreicht haben. An einem Verkehrsknotenpunkt wie Jericho war man informiert über alle wesentlichen Geschehnisse im In- und Ausland. Natürlich auch über neue religiöse Bewegungen, die gerade zur Zeit Jesu eine ungleich bedeutendere Rolle spielten als heute. Ganz Israel glühte vor Sehnsucht, wann der ersehnte Messias endlich kommen würde. Dahinter stand die drängende, zornige Erwartung der Befreiung vom Joch der römischen Besatzung.

Zu diesem Wissen über das ungewöhnliche Verhalten Jesu wird bei Zachäus die Kenntnis der Botschaft Jesu, wie er sie in seinen Gleichnissen so anschaulich und einprägsam verkündigte, gekommen sein. Die Gleichnisse vom verlorenen Schaf, vom verlorenen Groschen und vom verlorenen Sohn hat Jesus ja vor Zöllnern und Sündern erzählt (Lukas 15,1f). Dahinter verbarg sich die Einladung zur Umkehr und zum Neuanfang.

Sicher hatte Zachäus auch von den spektakulären Heilungen Jesu gehört. Nicht ohne Grund berichtet Lukas die Geschichte von der Heilung des Blinden in Jericho unmittelbar vor der Begegnung Jesu mit Zachäus. Der Blinde hatte sich in aller Öffentlichkeit zu Jesus als dem Messias bekannt, indem er ihn als Sohn Davids bezeichnete: „Du Sohn Davids, erbarme dich meiner!" (Lukas 18,39). Als die Pilgerschar, die mit Jesus nach Jerusalem zum Passafest hinaufzog, ihn zum Schweigen bringen wollte, hatte er sich nicht beirren lassen: Noch lauter rief er Jesus, dass dieser ihn beachten und ihm helfen möge. Jesus hat ihm tatsächlich geholfen und ihm das Augenlicht wiedergegeben.

Damit war es in der Stadtöffentlichkeit Jerichos heraus: Jesus war der Messias, für den ihn sowieso schon viele gehalten hatten. Wahrscheinlich verbreitete sich die Nachricht von der Heilung des Blinden in Jericho wie ein Lauffeuer. Eine große Menschenmenge drängte sich auf der Straße, auf der Jesus kommen würde.

Es war ein ganzes Bündel von Gründen, das Zachäus so magisch zu Jesus hinzog.

Eine Chance, den Rabbi zu sehen?

Angesichts der Volksmenge ist er machtlos. Man stößt ihn zur Seite. Da er klein von Gestalt ist, bleibt nur eine Möglichkeit: Er muss an eine Stelle vorauslaufen, wo erst wenige Menschen warten, und auf einen Baum klettern, um Jesus sehen zu können.

Zachäus ist nicht umsonst reich geworden: Er ist ein engagierter, ehrgeiziger Mann, kein Schwächling! Er weiß, was er will. Auch in dieser Situation. Er will unbedingt Jesus sehen. Das lässt er sich etwas kosten: Er läuft die Straße entlang und klettert auf den Baum. Dies alles, um einen Blick auf den Vorüberziehenden werfen zu können. Er achtet nicht auf die Würde seines Amtes, nicht auf die höhnischen und gehässigen Blicke, nicht auf die Lächerlichkeit des Platzes, von dem aus er auf Jesus wartet.

Und dann geschieht etwas, was für alle, die gaffende Menschenmenge am Straßenrand, die mitziehenden Pilger und auch für Zachäus selbst, völlig unerwartet ist. Jesus bleibt unter dem Baum stehen, sieht zu Zachäus hinauf und spricht ihn an. Dass Jesus gerade unter diesem Baum stehen bleibt und ausgerechnet Zachäus ansieht und ihn anspricht, ist schon merkwürdig genug. Noch denkwürdiger ist der Fortgang der Geschichte: Jesus redet den ihm Unbekannten mit Namen an: „Zachäus!" Hier wiederholt sich, was im Johannesevangelium im Zusammenhang mit der Berufung des Nathanael berichtet wird: Jesus kennt Nathanael, ohne dass er ihn zuvor gesehen hat (Johannes 1,47ff). So auch Zachäus. Jesus entdeckt ihn nicht nur auf dem Baum, er kennt ihn sogar. Damit ist mehr als ein äußeres Kennen gemeint: Es bedeutet ein tieferes Erkennen, das im Alten Testament immer wieder von Gott ausgesagt wird: „Denn der Herr erforscht alle Herzen und versteht alles Dichten und Trachten der Gedanken" (1. Chronik 28,9).

Auch Jesus – so sagen die Evangelisten – hat die Menschen durchschaut, im positiven wie im negativen Sinne des Wortes, ohne dass ihn ein anderer über sie aufklären musste. Vor seinen Augen ist alles bloß und aufgedeckt (Hebräer 4,13). Das gibt seiner Seelsorge ihre besondere Vollmacht. Jesus erkennt in einem Augenblick, was Zachäus will: die Unzufriedenheit mit seinem bisherigen, von Materialismus geprägten Leben und seine Sehnsucht nach Veränderung, nach Erneuerung.

Was geschieht unter dem Maulbeerbaum weiter?

Wenn Jesus einem Menschen seelsorglich begegnet, geschieht dies immer auf ganz individuelle Weise: ohne Norm und Schablone. Ich besitze in meiner Bibliothek eine große Anzahl von Biografien, in denen Menschen von ihrer Umkehr zu Gott erzählen. Keine gleicht der anderen. Aber eines ist immer gleich: Die Umkehr zu Gott, viele Autoren sprechen von Bekehrung, wird von ihnen als Widerfahrnis, als Handeln Gottes, beschrieben. Das wird auch an der Zachäuserzählung deutlich: Nicht er hat Jesus zu sich nach

Hause eingeladen, sondern Jesus lädt sich zu ihm ein, kommt zu ihm aus freiem Entschluss, allein aus der Notwendigkeit seiner freien göttlichen Liebe. Darum sagt Jesus zu Zachäus nicht: „*Darf* ich bei dir einkehren?", sondern „Ich *muss* bei dir einkehren!" Nur so kann Jesus seinen Auftrag, seine Berufung, erfüllen: als Guter Hirte zu suchen und zu retten, was verloren ist. Indem er bei Zachäus einkehrt, erklärt Jesus allen Mitpilgern und Straßengaffern unmissverständlich: „Zachäus, dieser von euch verstoßene Israelit, gehört auch zu den Söhnen Abrahams. Wie ihr ist auch er Gottes Sohn und Teil der Gemeinschaft des Volkes Israel" (vgl. V. 9).

Die Bekehrung eines Menschen, seine Umkehr und seine Hinwendung zum Willen Gottes ist ein Geschenk, das jeder nur dankbar entgegennehmen und wie ein kostbares Geschenk vorsichtig auspacken kann. Zachäus war unzufrieden mit seinem bisherigen Leben. Er hatte gehört, wie Jesus mit anderen Zöllnern umging. Das hatte ihn neugierig gemacht. Er hatte Sehnsucht, Jesus zu sehen. Mehr ist nicht nötig.

Warum diese atemberaubende Dringlichkeit?

Zachäus soll so schnell wie möglich von seinem Baum heruntersteigen. Heute noch muss Jesus bei ihm einkehren – welche Hast und Eile zu einer Zeit, in der es noch kein Fast Food und keine Gefriertruhe gab.

Durch die seelsorgliche Begegnung mit Jesus wird Zachäus froh (V. 6). Vielleicht hat er sich schon jahrelang trotz seines Reichtums nicht mehr am Leben freuen können. Durch den Besuch, die gemeinsame Mahlzeit und das anschließende Beisammensein mit Jesus erhält Zachäus eine neue Perspektive für sein Leben. Er tritt heraus aus dem ewigen Einerlei seines bisherigen Lebens: des Arbeitsstresses, der Partys und sonstigen Vergnügungen. Zachäus ist überrascht und überwältigt von der Freude, die Jesus in sein Leben gebracht hat. Plötzlich bekommt sein Leben Sinn.

Die Geschichte geht mit atemberaubender Schnelligkeit weiter:

Zachäus zieht radikale Konsequenzen aus der Begegnung mit Jesus. Wohlgemerkt: Zuerst erfährt *er* Gottes Erbarmen, zuerst erfährt *er* sich als von Gott angesehen und geliebt. Dann erst antwortet er und beginnt seinerseits zu handeln und kündigt die Umverteilung seines Vermögens an – bei einer Gesellschaft, die wie die orientalische auf Öffentlichkeit ausgerichtet war, ist diese Nachricht sicherlich in wenigen Minuten in ganz Jericho „rum". Unglaublich, was sich hier in wenigen Stunden ereignet!

An dieser Stelle hapert es bei vielen Christen. Nicht zuletzt deshalb, weil die Seelsorge versagt. Zahlreiche Christen meinen, sofort alles Mögliche für Gott tun zu müssen, anstatt das Leben in der Freundschaft mit ihm zu genießen – anders gesagt: zuerst einmal in die Freundschaft mit ihm hineinzuwachsen und dann, in einem zweiten Schritt, sich von ihm zeigen zu lassen, was sie in seinem Auftrag tun sollen. Deshalb sind viele Christen auch nicht bereit, für ein Leben mit Gott Privilegien, Sicherheiten und Bequemlichkeiten aufzugeben. Oder erst einmal wahrhaftig zu werden gegenüber Gott, sich selbst und anderen Menschen und dies dann vor Gott zu bekennen oder, wenn nötig, im Gespräch mit einem Seelsorger – vielleicht sogar in einem Beichtgespräch.

Zachäus ist zu alledem bereit. Und das nicht aufgrund moralischer Forderungen oder gesellschaftlicher Vorgaben, sondern allein, weil Jesus ihm mit Achtung und Liebe begegnet ist. Zachäus gibt die Hälfte seines Besitzes für die Armen. Er tut damit weit mehr, als die Rabbinen forderten: Für sie war schon einer, der ein Fünftel seines Vermögens den Armen gab, ein besonders frommer Israelit. Dann bekennt Zachäus in aller Öffentlichkeit seine Sünden: „Wenn ich jemanden betrogen habe …" Schließlich leistet er Wiedergutmachung nach dem Gesetz: „Wenn ich jemanden betrogen habe, so gebe ich es vierfältig zurück (V. 8). Vierfachen Ersatz schreibt Mose in der Tora, im jüdischen Gesetz, im Falle von Diebstahl vor (2. Mose 21,37).

Zachäus – nur wegen dieses verachteten und von der Gesellschaft verstoßenen Zöllners – scheint Jesus nach Jericho gekommen zu sein. Wir können hier einen Blick in die innere Motivation der Seelsorge Jesu tun: Er sieht den einzelnen Menschen an und kümmert sich mit leidenschaftlicher Liebe um ihn. Dass er durch den Besuch im Haus des Zachäus für die weitere Pilgerreise hinauf nach Jerusalem kultisch unrein, befleckt, wird, scheint ihn nicht zu stören. Hauptsache: Der Reiche ist durchs Nadelöhr in den Himmel gekommen.

Die Seelsorge Jesu sieht anders aus, als es uns eine weitverbreitete Karikatur der christlichen Seelsorge glauben machen will: Es geht nicht um Manipulation oder gar Gehirnwäsche. Jesus überredet keinen Menschen, erst recht bedrängt er niemanden, an ihn zu glauben. Es geht auch nicht nur um die persönliche Frömmigkeit des Zachäus. Vielmehr führt die Begegnung des Zachäus mit Jesus zu einer „persönlichen Bekehrung mit weitreichenden gesellschaftlichen Folgen" (Klaus Bockmühl).

Und dann die Überraschung zum Schluss: Zachäus bleibt weiterhin Zöllner. Jesus ruft ihn nicht in die Schar der Jünger, die mit ihm durch Israel zieht. Zachäus muss abwarten, ob Beruf und Berufskollegen den neuen Zachäus ertragen. Der Weg der Buße, der Umkehr und des Umdenkens geht also radikal von innen nach außen: Äußerlich bleibt Zachäus vorerst in seinen alten Lebenszusammenhängen. Sein Verhalten jedoch ist ein völlig anderes geworden.

In flagranti ertappt. Jesus und der Ehebruch (Joh 8,2-11)

„Wer unter euch ohne Sünde ist,
der werfe den ersten Stein auf sie."

Offensichtlich rechneten Schriftgelehrte und Pharisäer damit, dass Jesus geneigt war, Menschen zu vergeben. Auch solchen, die in besonders schwerer Weise am Gesetz schuldig geworden waren.

Darum kam ihnen die *in flagranti* ertappte Ehebrecherin gerade recht. Theologen und fromme Laien aus Jerusalem führten sie zu Jesus, um endgültig vor aller Augen im Tempel zu beweisen, dass es mit seiner Gesetzestreue nicht weit her war. Schon lange hatten sie ihn belauert und nach einer Gelegenheit gesucht, wie sie ihn seiner Laxheit gegenüber der Tora überführen konnten. Dafür war ihnen jedes Mittel recht. Selbst eine frisch beim Ehebruch ertappte Frau wird von ihnen skrupellos instrumentalisiert. Dass sie den dazugehörigen Mann – der nach dem Gesetz auch gesteinigt werden musste – vorsichtshalber nicht mitbrachten, macht die Sache noch perfider. Sie wussten, dass Jesus aufseiten der Schwachen und Rechtlosen stand. Mit einer Frau als Ehebrecherin stiegen ihre Chancen, Jesus des Verrats am Gesetz zu überführen.

Jesus ließ sich jedoch von ihnen nicht aufs Glatteis führen. Wie wir schon bei der Begegnung mit Zachäus sahen, wusste er, was im Menschen war, und „bedurfte nicht, dass jemand Zeugnis gäbe vom Menschen" (Johannes 2,25). Er durchschaute die Menschen. Der Seelsorger Jesus besaß die Gabe der Kardiognosie, also der Herzensschau oder Herzenserkenntnis.

Wer diese Herzensschau besitzt, kann in den menschlichen Herzen wie in einem offenen Buch lesen.[24] Bestimmten Seelsorgern (und Seelsorgerinnen) im Raum der orthodoxen Kirche, den sog. Starzen, wurde und wird diese besondere Gabe zugeschrieben. Immer wieder wurde die Herzensschau zu erklären versucht. Dostojewskij gab folgende weitverbreitete psychologische Deutung: „Weil er [Starez Zossima] so viele Beichten gehört hatte, wurde sein Geist so hell, so durchdringend, daß er sofort wußte, was der Mensch, wer immer er auch war, ihm mitteilen wollte. Im ersten Augenblicke war man davor erschrocken, aber niemals verließ ihn jemand, ohne gestärkt zu sein."[25] Damit wäre die Kardiognosie lediglich eine durch Erfahrung gewonnene Menschenkenntnis.

Der Kirchengeschichtler Karl Heussi behauptete, dass die Fähigkeit der Wüstenväter, der ersten christlichen Mönche, das Herz eines anderen Menschen zu durchschauen, etwas Dämonisches, ja

Unheimliches wäre.[26] Die Wüstenväter selbst erklärten die Herzensschau anders. Sie meinten, dass es sich dabei um die normale Fähigkeit der menschlichen Seele handle. Gott hätte uns so erschaffen, dass wir einander unmittelbar verstehen könnten. Erst die Sünde richte eine Mauer zwischen den Menschen auf. Indem ein Mensch sich von der Sünde reinige, erlange er die natürliche Durchsichtigkeit der Seelen zurück. Der Kirchenvater Athanasius schreibt: „Denn ich glaube fest, daß eine Seele, die ganz und gar rein und in ihrem natürlichen Zustand verblieben ist, die Dinge durchschaut und mehr und weiter sehen kann als die Dämonen; hat sie doch den Herrn, der ihr alles enthüllt; so beschaffen war die Seele des Elischa, die sah, was Gehasi tat (vgl. 2. Könige 5,26), und die Mächte erblickte, die auf ihrer Seite standen (2. Könige 6,17)."[27] Mit „natürlich" ist hier der im Heiligen Geist durch die Versöhnung des Menschen mit Jesus Christus gewirkte Zustand des neuen Menschen gemeint. Es war danach Gott selbst, der den Wüstenvätern durch seinen Geist das Herz eines anderen Menschen aufschloss. Die Herzensschau wurde deshalb auch niemals zum Besitz, über den der Mönch frei verfügen konnte. Da sie Gottes Gabe war, konnte sie ihm, sobald er die unmittelbare Verbindung zu Gott verlor, wieder genommen werden.

Jesus reagiert in der Geschichte von der Ehebrecherin seelsorglich genial. Zunächst verweigert er die Aussage. Er beteiligt sich nicht am Tribunal gegen die Ehebrecherin. Als ob ihn das Ganze nichts anginge. Damit lässt er die Provokation der Gesetzeshüter ins Leere laufen. Er schaut auf die Erde und schreibt mit dem Finger in den Sand. Zu gerne wüsste man, was er geschrieben hat ... Dass sich Jesus nicht provozieren lässt, ist das eine. Das andere wird erst durch den weiteren Verlauf der Geschichte deutlich: Jesus will seinen theologischen Gegnern eine fürchterliche Blamage ersparen! Selbst mit seinen erklärten Gegnern geht er schonend um. Im Hochgefühl ihres vermeintlichen Triumphes lassen sie Jesus jedoch nicht in Ruhe, sondern fordern ihn weiter heraus. Die Bestimmungen der Tora sind doch klar! Seine Gegner sind überzeugt: Jesus kann gar nicht anders, als ihrem Urteil zuzustimmen. Die Ehebrecherin muss gesteinigt werden!

Erst jetzt folgt seine Antwort. Eine Antwort, die keiner erwartet hätte. Jesus lenkt den Blick von der Frau weg auf ihre Richter: „Wer unter euch ohne Sünde ist, der werfe den ersten Stein auf sie." Dass damit für die Frau der erste Schritt aus der Todesgefahr getan ist, wird erst nach und nach deutlich. Keiner der Versammelten wirft einen Stein auf die Frau. Stattdessen verlässt einer nach dem anderen den Platz. Sie verdrücken sich alle. Die Richter zuerst – gerade diejenigen, die meinten, Jesus nun endlich der Auflösung der Tora anklagen zu können. Schließlich bleiben Jesus und die Frau allein übrig.

Eines muss man den Richtern lassen: Sie sind ehrlich gegenüber sich selbst. Aufgrund ihres Studiums der Tora wissen sie, dass sie alle schuldig sind. Dass keiner von ihnen mit gutem Gewissen behaupten kann, zu jeder Zeit sämtliche der mehr als 600 Bestimmungen des Gesetzes eingehalten zu haben. Diese Selbsterkenntnis haben sie vielen Menschen heute voraus. Paul Schütz, ein vergessener evangelischer Theologe des vergangenen Jahrhunderts, meinte: „Gott ist einsam geworden, es gibt keine Sünder mehr!"[28] Viele Zeitgenossen fühlen sich nicht mehr für ihr Tun Gott gegenüber verantwortlich.

„So verdamme ich dich auch nicht."

Dann sagt Jesus zu der Frau den Satz, von dem die Schriftgelehrten und Pharisäer immer schon überzeugt waren, dass Jesus ihn angesichts des offenkundigen Gesetzesbruchs sagen würde. „So verdamme ich dich auch nicht." Genau den Satz, den sie hören wollten, um endlich etwas gegen ihn in der Hand zu haben, um ihn endlich wegen seiner Missachtung der Tora anklagen zu können. Zu dumm, dass sie diesen Satz nicht mehr hören können. Sie haben ja längst den Platz des Geschehens verlassen. Sie hören ihn nicht – und können darum auch nicht die Kraft seiner Vergebung an sich erfahren. Sie schließen sich damit selbst von der Seelsorge

Jesu, vom Evangelium, aus: Dass Jesus gekommen ist, Sünder selig zu machen. Wie ein roter Faden zieht sich diese Botschaft durch die Evangelien. In immer neuen Anläufen, in Gleichnissen, Unterweisungen und Streitgesprächen, entfaltet Jesus sie. Merkwürdig, dass diese Botschaft nicht für alle Menschen eine frohe Botschaft ist. Die Schriftgelehrten und Pharisäer lehnen in ihrer Mehrzahl Jesus ab. In unserer Geschichte berauben sie sich selbst der Möglichkeit, die frohe Botschaft zu hören.

Wenn wir ehrlich sind, regt sich auch in unserem eigenen Herzen Widerstand gegen die Bereitschaft Jesu, bedingungslos zu vergeben. Gerade frommen Menschen, die zur Kirche gehören und sich um das Halten der Gebote Gottes bemühen, stellt sich die Frage: Was soll aus der Gesellschaft werden, wenn Vergebung derart bedingungslos gewährt wird? Droht dann nicht die von Gott für das menschliche Zusammenleben vorgegebene Ordnung zusammenzubrechen? Muss nicht derjenige, der gesündigt hat, bestraft werden und die Folgen seiner Sünde tragen, nach dem alttestamentlichen Motto: „Auge um Auge, Zahn um Zahn" (2. Mose 21,24 u. ö.)? Drohen nicht Gesetzlosigkeit oder gar Anarchie, wenn Vergehen folgenlos bleiben? Erstaunlich, dass Jesus sich um all diese Fragen in der Seelsorge an der Frau nicht kümmert. Sein Urteil lautet lapidar: „So verdamme ich dich auch nicht." Es scheint keine andere Möglichkeit zu geben, um aus dem ewigen Kreislauf von Schuld und Strafe, erneuter Schuld und erneuter Strafe auszusteigen, außer durch Vergebung. Nur die Vergebung befreit endgültig von der Schuld und ihren Folgen. Nur die Vergebung entlastet wirklich von der Vergangenheit, lässt aufatmen und froh und frei in die Zukunft schauen. Es gibt nichts Schöneres, als jeden Morgen neu mit ausgeglichenem Schuldenkonto in den Tag starten zu können.

Für viele Menschen scheint diese Rechnung damals wie heute zu einfach zu sein. Schon die Zeitgenossen Jesu spalteten sich über seiner Botschaft in zwei Lager. Zöllner und Sünder, Wirtschaftskriminelle und Prostituierte drängten sich um ihn wie die Motten um das Licht. Ihnen war nicht nur klar, dass sie die Tora übertreten hatten und vor Gott und Menschen schuldig geworden waren. Darüber hinaus hatten sie erkannt, dass sie mit ihrer Schuld niemals selber fertigwerden würden. Jesus war ihre große Chance! Seine Vergebung ermöglichte ihnen den Neuanfang und die Rückkehr in die Gesellschaft. Auf der anderen Seite standen die Schriftgelehrten und Pharisäer, die mehr und mehr zu erbitterten Gegnern Jesu wurden. Unsere Erzählung ist eine weitere Etappe auf dem Weg dahin.

„Gehe hin und sündige hinfort nicht mehr."

In unserer Gesellschaft gibt es eine „Opfer-Mentalität": Wenn ich sündige, dann deshalb, weil ich ein Opfer bin; andere haben mir vorher Böses getan, ich bin diskriminiert, Randgruppe, muss mich wehren … Diese Haltung begegnet mir häufig und sie immunisiert gegen verantwortliche Sündenerkenntnis. Wie passt Jesu Verhalten gegenüber der Ehebrecherin dazu? Die Geschichte ist noch nicht zu Ende. Jesus vergibt der Ehebrecherin die Schuld ohne Bedingungen und Vorleistungen. Er verhält sich damit in den Augen seiner frommen Zeitgenossen geradezu skandalös! Gleichzeitig aber ermahnt er die Frau: „Geh hin und sündige hinfort nicht mehr." Damals war die Geschichte eine unerhörte Provokation vor allem deshalb, weil Jesus der Ehebrecherin bedingungslos die Vergebung zusprach. Heute ist die Geschichte vor allem deswegen fremd und anstößig, weil Jesus die Frau ausdrücklich ermahnt, fortan nicht mehr zu sündigen.

Als Christen, zumal als lutherisch geprägte Christen, haben wir uns an das Geschenk der voraussetzungslosen Vergebung durch Gott so gewöhnt, dass wir häufig gar nicht mehr erkennen, wie beispiellos und außergewöhnlich, wie kostbar dieses Geschenk tatsächlich ist. Erst recht gilt das in einer Gesellschaft, die Gottes Gebote zunehmend weniger kennt und beachtet. Ist es nicht, wie schon Voltaire spöttisch meinte, Gottes Geschäft zu vergeben? Allen Einwänden und Bedenken zum Trotz: Jesus vergibt ohne

Vorleistungen. Aber gleichzeitig möchte er, dass die Frau fortan nicht mehr sündigt.

Konsequenzen für die Seelsorge heute

Die entscheidende Frage ist, wie beides, die Zusage der Vergebung und die Ermahnung, nicht mehr zu sündigen, zusammenpasst – und zwar so, dass die Zusage der voraussetzungslosen Vergebung nicht unter der Hand durch die Ermahnung, nicht mehr zu sündigen, ausgehebelt wird. Unter allen Umständen muss klar bleiben, dass Jesus ohne Voraussetzungen vergibt. Seine Vergebung ist bedingungslos! Gleichzeitig aber muss deutlich sein, dass dadurch das Gebot Gottes für das Zusammenleben von Mann und Frau nicht aufgehoben wird. Das Verbot des Ehebruchs, positiv gesagt, das Gebot der ehelichen Treue, bleibt in Kraft. Die Ehe als gute Ordnung Gottes bleibt bestehen.

Es kann einem Mann und einer Frau nichts Schöneres passieren, als dass sie in ihrer Ehe in gegenseitiger Treue und Liebe miteinander verbunden sind. Das sind – auch in psychologischer Hinsicht – die besten Voraussetzungen, dass Kinder zu psychisch stabilen Persönlichkeiten heranreifen und einmal ihre Fähigkeiten optimal entfalten können. Spätestens seit der Bergpredigt wissen wir jedoch, dass kein Mensch gegen Ehebruch gefeit ist. Jesus lehrt darin: „Wer eine Frau ansieht, sie zu begehren, der hat schon mit ihr die Ehe gebrochen in seinem Herzen" (Matthäus 5,28). Diese Einsicht kann Mann und Frau vor Selbstüberschätzung, vor Übermut und Heuchelei bewahren.

Das Leben als Christ spielt sich im Spannungsfeld ab zwischen dem täglichen Zuspruch der Vergebung und der täglichen Ermahnung, nicht zu sündigen. Schuldigwerden gehört zum Menschsein wie das Schmutzigwerden im Straßenstaub. Zum Glück wissen wir seit dem Kommen Jesu Christi ebenso, dass Gott uns im Glauben an ihn ohne Vorleistungen und Bedingungen täglich vergibt. Das Zusammenleben in Ehe, Familie, Gemeinde und Gesellschaft wird ohne die ständige Bereitschaft zur Vergebung nicht gelingen. Gleichzeitig haben wir ein Leben lang die Aufgabe, zuerst in unserem eigenen Leben und darüber hinaus im menschlichen Miteinander der Gesellschaft dafür einzutreten, dass Gottes Wille zur Geltung kommt – Gottes Wille, so wie er in den Zehn Geboten ausgedrückt ist. Das Halten der Gebote ist heilsam, macht das Leben gesund und lässt es gelingen. Wenn wir Gottes Willen tun und seine Gebote halten, verlieren die Mächte der Zerstörung, die unser Leben ständig belauern, ihre Macht über uns.

3.3 Seelsorge als Lebenshilfe

Die Bergpredigt: Einladung zu einem „hohen sorglosen Leben in Gott" (Matthäus 5-7)

Der Tübinger Theologe Karl Heim hat die Bergpredigt (Matthäus 5–7) als Einladung zu einem „hohen sorglosen Leben in Gott" bezeichnet.[29] Wie mir scheint, hat er damit den Nagel auf den Kopf getroffen. Ich möchte das an zwei Beispielen klarmachen: an der Freiheit von der Sorge um die Dinge des täglichen Lebens und an der Feindesliebe.

Schon immer hat Menschen der Gedanke fasziniert, nicht für das eigene Essen und Trinken und für die eigene Kleidung sorgen zu müssen, sondern es den Vögeln unter dem Himmel, den Blumen im Garten und den Gräsern auf dem Felde gleichzutun und die Sorge dafür Gott zu überlassen. Dass diese Einladung Jesu aktueller denn je ist, zeigt die Tatsache, wie sehr die meisten Menschen auch heute noch von diesen Themen in Beschlag genommen werden. Das lässt sich an jeder alltäglichen Unterhaltung beobachten. Worüber reden die Leute? Meistens über Essen, Trinken, Kleidung und Urlaub. Und das, obwohl in unserem Land kaum jemand Angst haben müsste, zu verhungern oder nicht genug zum Anziehen zu haben. In Wirklichkeit ist es gerade die Überfülle an Essen und Kleidung, die Menschen heute Sorgen macht! Was für eine königliche Freiheit wäre das, sich nicht länger um diese Dinge kümmern zu müssen. Das würde eine Revolution des Lebens bedeuten!

Noch eine zweite Aussage aus der Bergpredigt hat Menschen zu allen Zeiten fasziniert: Jesu Gebot der Feindesliebe. Wir sollen nicht nur keine Vergeltung an unserem Feind üben – und im Verlauf des Lebens lernt jeder, dass niemand ohne Feinde durchkommt –, wir sollen sie sogar lieben. Wo in der Welt hat man solch eine Idee sonst noch gehört?! Auch mit dieser Anweisung will Jesus Menschen zu einem sorglosen Leben hinführen: Welche Entlastung, die Sorge los zu sein, für das eigene Recht kämpfen zu müssen. Welche Befreiung, durch den Friedenswillen gegenüber dem Feind die ganze negativ gebundene Energie freizubekommen und für lebensförderliche Dinge einsetzen zu können!

Die Bergpredigt wäre unglaubwürdig, wenn Jesus nur schöne Ideen geäußert und seine Zuhörer darauf eingeschworen, selbst aber nicht nach seinen eigenen Worten gehandelt hätte. Doch lebte er vor, was er lehrte. Er sorgte sich weder um Essen und Trinken noch um Kleidung und Wohnung. Einem begeisterten Zuhörer sagte er sinngemäß: „Ich habe nicht einmal eine eigene Wohnung, wo ich mich ausruhen könnte" (Matthäus 8,20). Und trotzdem litt er mit seinen Jüngern keinen Mangel. Auch seine Feinde liebte er. Denn noch vom Kreuz herab vergab er seinen Mördern und Peinigern, indem er sprach: „Vater, vergib ihnen; denn sie wissen nicht, was sie tun!" (Lukas 23,34).

Und schließlich das Wichtigste: Jesus hat die Bergpredigt nicht nur selbst vorgelebt, er hat seinen Zuhörern auch den Weg eröffnet, wie sie es ihm nachtun können: Das hohe sorglose Leben in Gott steht jedem offen, der an der Beziehung Jesu zu seinem himmlischen Vater Anteil bekommt. In der Bergpredigt stellt Jesus seinen Zuhörerinnen und Zuhörern nicht nur ein sorgenfreies

Leben vor Augen, sondern zeigt ihnen gleichzeitig, wie sich ihr Leben entsprechend ändern kann. Wie wichtig es Jesus ist, dass sich ihr Leben ändert, dass sie *tatsächlich* tun, was er in der Bergpredigt lehrt, führt er am Ende der Bergpredigt im Gleichnis vom Hausbau anschaulich aus (Matthäus 7,24-27). Als gelernter Zimmermann kennt er sich auf diesem Gebiet aus. Wie viele Häuser wird er im Verlauf seiner beruflichen Tätigkeit errichtet haben! Daher weiß er, dass beim Hausbau alles auf das Fundament ankommt. Nur das auf Fels gebaute Haus ist stabil genug, um wolkenbruchartige Regenfälle, begleitet von orkanartigen Stürmen, zu überstehen. Wer nach Israel reist, kann heute noch solche plötzlichen Unwetter miterleben. Auch das felsige Fundament ist dort bis zum heutigen Tag nichts Außergewöhnliches: Das Land ist gebirgig, sodass an vielen Stellen der nackte Fels zutage tritt. – Ganz anders das Haus, das auf sandigem Fundament gebaut ist. Bei einem Unwetter hat es keine genügende Stabilität und fällt ein.

Was ist der Sinn dieses Gleichnisses? Jesus erklärt ihn selbst: „Darum wer diese meine Rede hört und tut sie, der gleicht einem klugen Mann, der sein Haus auf den Felsen baute. … Und wer diese meine Rede hört und tut sie nicht, der gleicht einem törichten Mann, der sein Haus auf Sand baute" (Matthäus 7,24.26).

Auferweckung des Jünglings zu Nain (Lk 7,11-16): Jesus lässt sich vom Schmerz einer Mutter berühren

Eine unglaubliche Geschichte

Die Auferweckung des Jünglings zu Nain ist eine unglaubliche Geschichte! Eine Geschichte, die unseren Glauben bis zum Äußersten herausfordert. Ist so etwas möglich? Dass ein Verstorbener wieder zum Leben erweckt wird? Die moderne Medizin hat zwar eine Reihe von Wiederbelebungsmöglichkeiten entwickelt. Auch über Nahtoderfahrungen wird heute von Medizinern und Naturwissenschaftlern ernsthaft diskutiert. Kann aber ein am Morgen Gestorbener am späten Nachmittag – kurz vor seiner Bestattung – noch einmal zum Leben erweckt werden?

Die Wiederbelebung des jungen Mannes stellt dabei nur eine relativ milde Variante des christlichen Auferstehungsglaubens insgesamt dar. Der Jüngling zu Nain ist eines Tages wieder gestorben. Der christliche Auferstehungsglaube aber, wie er im Glaubensbekenntnis in jedem Gottesdienst zum Ausdruck gebracht wird, geht viel weiter. Er besagt, dass ein Gestorbener nicht bloß auferweckt wird, um wieder zu sterben. Vielmehr wird der Tote so verwandelt, dass er ein für alle Mal der Vergänglichkeit entrissen ist und am ewigen Leben Gottes teilnimmt. Fortan lebt er ohne Krankheit, ohne Schmerz, ohne körperliche und seelische Einschränkungen und hat Anteil an der Fülle des göttlichen Lebens. Der Erste und Einzige, der bisher in dieser Form auferstanden ist, ist Jesus Christus selbst.

Letztlich fordern beide Formen der Auferweckung den Glauben in unerhörter Weise heraus: Wiederbelebung eines endgültig Gestorbenen zum Weiterleben in dieser Welt oder Auferstehung zum ewigen Leben in Gottes neuer Welt. Demgegenüber sind die anderen in den Evangelien berichteten Wunder geradezu ein Kinderspiel.

Jesus lässt sich vom Schmerz anderer berühren

Die Geschichte zeigt: Jesus ist kein cooler oder abgestumpfter Typ, sondern ein mitfühlender Mensch. In der Lutherübersetzung heißt es, dass die Witwe Jesus „jammerte" (V. 13). Das im Griechischen gebrauchte Wort bedeutet wörtlich übersetzt: „Es drehen sich ihm die Eingeweide im Leibe um." Der Evangelist Lukas geht mit dem von ihm hier verwendeten griechischen Wort sehr sparsam um. Es kommt in seinem Evangelium nur noch an zwei weiteren, ebenfalls prominenten Stellen vor: im Gleichnis vom barmherzigen Samariter (Lukas 10) und im Gleichnis vom verlorenen Sohn (Lukas 15). Zwei Gleichnisse, die in klassischer Weise das christliche Verständnis der Liebe illustrieren: im ersten Gleichnis die Liebe des Menschen zu seinem Nächsten und im zweiten die Liebe Gottes zum Menschen. Dem barmherzigen Samariter drehen sich angesichts des hilflos unter die Räuber Gefallenen die Eingeweide im Leibe um. Genauso geht es dem Vater im Gleichnis vom verlorenen Sohn angesichts der Heimkehr seines heruntergekommenen Sohnes. Und genauso empfindet Jesus angesichts der weinenden Witwe. Er reagiert gefühlsbetont, wie ein orientalischer Vollblut-Mann.

Seine derart starke emotionale Reaktion ist keineswegs übertrieben. Sie ist die einzig angemessene Reaktion auf das Schicksal der Witwe. Sie entspricht haargenau ihrer Situation. Die damalige Gesellschaft kannte weder eine Witwenrente noch war eine Frau dem Mann rechtlich gleichgestellt. Die Witwe hat deshalb nicht nur ihren geliebten einzigen Sohn verloren. Sie verliert mit ihm auch ihre Altersabsicherung und ihren Rechtsbeistand. Fortan ist sie rechtlich schutzlos. Vor Gericht besitzen Aussagen von Frauen nur eine äußerst eingeschränkte Beweiskraft. Vermutlich wäre sie nach der Bestattung ihres Sohnes schnell verarmt. Als Jesus ihr begegnet, befindet sie sich im freien Fall des sozialen Abstiegs. Jesus lässt sich nicht nur den emotionalen Schmerz dieser Frau zu Herzen gehen, sondern auch ihre materielle und soziale Not.

Die Geschichte des Jünglings zu Nain ist ein wirkliches Evangelium. Frohe Botschaft für jeden, der sich in Not befindet. Jesus lässt menschliches Leid nicht kalt! Er lässt sich davon im Innersten berühren. Warum ist das so? Weil Jesus ein Liebhaber des Lebens ist. Er will, dass Leben gelingt und zerbrochenes Leben wieder heil wird.

Jesus hilft

Dass Jesus sich den Schmerz der Witwe zu Herzen gehen lässt, muss ihn jedem sympathisch machen. Gerade heute, wo wir in einer Gesellschaft leben, zu deren Kennzeichen Gemütsarmut und die Versachlichung menschlicher Beziehungen gehören. Die Folge ist, dass auch Beziehungen primär nach ihrem Nutzen beurteilt werden. Dennoch: Wäre die Geschichte an dieser Stelle zu Ende, wäre Jesus zwar als ein außergewöhnlich empathischer Seelsorger in Erinnerung geblieben. Sein Mitgefühl ist aber nur die Voraussetzung für das, was nun folgt. Um der Witwe wirksam seelsorglich beistehen zu können, muss noch etwas anderes hinzukommen. Jesus muss ihr neben seiner Empathie auch äußerlich – wirtschaftlich und juristisch – helfen. Und genau das tut er.

Schon sein Name „Jesus" deutet darauf hin, was seine tiefste seelsorgliche Bestimmung ist. Er bedeutet übersetzt so viel wie: „Der Herr ist Rettung" oder schlicht: „Gott hilft". Jesus ist in die Welt gekommen, um zu helfen. Das ist ein Grund dafür, warum der Name „Heiland" für Jesus früher so beliebt war. Dieser Name war ein Bekenntnis: Jesus macht das Leben heil und gesund. Danach sehnt sich wohl jeder Mensch, wobei sich diese Sehnsucht nicht nur auf das persönliche Schicksal bezieht. Sie reicht weiter und schließt auch die Sehnsucht nach Heilwerden der gesellschaftlichen Verhältnisse, ja sogar der Natur mit ein.

Die Geschichte von der Auferweckung des Jünglings zu Nain ist nicht nur tröstlich, sondern auch provozierend, weil sie behauptet, dass Jesus tatsächlich die Macht hat, in diesem umfassenden Sinn seelsorglich zu helfen. Er steht der Witwe nicht nur in ihrem abgrundtiefen seelischen Schmerz zur Seite, sondern hilft, indem er die Wurzel ihres Schmerzes überwindet. Und das geht nur, indem Jesus den verstorbenen Sohn ins Leben zurückholt. Jesus wird in der Geschichte nicht als Wundertäter dargestellt, sondern als Seelsorger, der das Leben von Grund auf zurechtbringt. Darum steht die Geschichte im Lukasevangelium. Jesus ist der Heiland der Menschen, der sich in jeder Hinsicht kümmert, der den seelischen Schmerz ebenso wie die wirtschaftliche Not und die gesellschaftliche Ungerechtigkeit ernst nimmt und überwindet.

Von Anfang an hat mich an den Evangeliengeschichten eine Beobachtung fasziniert und dazu beigetragen, dass ich von ihrer Wahrheit überzeugt wurde. Form und Inhalt stehen in einem auffälligen Kontrast zueinander. Während sich in unserer Gesellschaft der Eindruck aufdrängt, dass der äußere Schein, die Verpackung, mehr und mehr entscheidend ist – nach dem Motto: Mehr Schein als Sein –, ist es in den Evangelien genau umgekehrt. Der Inhalt der Geschichte, das Unglaubliche und Unerwartete, das in den kühnsten Träumen nicht für möglich Gehaltene – dass die Witwe ihren einzigen Sohn vom Tod lebendig zurückerhält – steht in auffälligem Kontrast zu der schlichten Form, in der dies mitgeteilt wird. Die Auferweckung des Jünglings zu Nain wird in den nüchternsten und einfachsten Worten, die man sich denken kann, erzählt. „Jesus sprach: Jüngling, ich sage dir, steh auf! Und der Tote richtete sich auf und fing an zu reden, und Jesus gab ihn seiner Mutter" (V. 14f). Der Erzähler verzichtet auf jedes ausschmückende Wort. Lukas hilft nicht nach, um die Wirkung des Erzählten zu verstärken. Er verzichtet darauf, seine Leser durch rhetorische Mittel zu überzeugen. Die Größe des Geschehens spricht für sich. Nach dem Motto: mehr Sein als Schein. Tatsächlich würde durch zu viele Worte die Wirkung des Erzählten gemindert werden. In den Evangelien herrscht klassische Einfachheit: knappste sprachliche Mittel mit größter Wirkung.

Die Reaktion der Öffentlichkeit auf die Hilfe Jesu

Zum Schluss der Geschichte wird die Reaktion der Öffentlichkeit beschrieben. Israel war, wie der gesamte Orient, eine öffentliche Gesellschaft – auch ohne Massenmedien wie Fernsehen und Internet. Alles spielte sich vor aller Augen ab. Dabei fällt auf, dass wir weder etwas über die Reaktion der Witwe noch ihres ins Leben zurückgekehrten Sohnes erfahren. Zu gerne hätte ich gewusst, wie sich die Mutter freute. Oder welche Erfahrungen der Sohn im Tod gemacht hat. In der Geschichte kein Wort davon! Es geht allein um die Reaktion des Volkes auf die Seelsorge Jesu.

Jesus hat, als er den Jüngling zu Nain auferweckte, nach seinen eigenen Worten aus der Bergpredigt gehandelt: Niemand soll sein Licht unter den Scheffel, sondern auf einen Leuchter stellen, damit es allen leuchten kann. Ausdrücklich hält der Erzähler fest, dass Jesus damit öffentliche Aufmerksamkeit erregte: „Und diese Kunde von ihm erscholl in ganz Judäa und im ganzen umliegenden Land" (V. 17). Jesus lädt durch sein seelsorgliches Handeln das Volk ein, an ihn als den von Gott Gesandten, an den Messias, zu glauben.

Es heißt, dass die Öffentlichkeit auf die Auferweckung des jungen Mannes in doppelter Weise reagierte. Die Bewohner von Nain wurden von einem Gottesschrecken erfasst und begannen, Gott zu preisen. Der Theologe Rudolf Otto schrieb vor 100 Jahren, dass Menschen, denen Gott begegnet, ihn gleichzeitig als *mysterium tremendum* und als *mysterium fascinans* erfahren, als ein Geheimnis, das sie zugleich erschüttert und anzieht.[30] Den Zeitgenossen Jesu ging eine Ahnung von seiner Sendung durch Gott auf. Noch ist alles offen. Noch ist nichts entschieden. Bisher ist die jüdische Öffentlichkeit nur bereit, Jesus als Propheten anzuerkennen. Das ist mehr als gar nichts! Es kann aber auch eine Ausflucht sein, um sich vor einer endgültigen Entscheidung zu drücken. Die Zeitgenossen Jesu wollen sich noch nicht festlegen, ob er der Messias ist oder nicht.

Jesu wahre Verwandte: Berufung zur Freiheit der Kinder Gottes (Markus 3,31-35)

Auf sich allein gestellt

Jesus schlägt in dieser Erzählung unüberhörbar kritische Töne gegenüber der eigenen Familie an. Man steht spontan in der Versuchung, diese Kritik zu relativieren. Gibt es nicht viele Aussagen in den Evangelien, aus denen seine Hochschätzung von Ehe und Familie spricht? Hier ist nur an sein Verbot zu erinnern, sich scheiden zu lassen, oder an die Segnung der Kinder oder an seine Forderung, die alt gewordenen Eltern finanziell zu unterstützen. Die

Reihe ehe- und familienfreundlicher Bemerkungen Jesu ließe sich leicht fortsetzen.

Daneben steht jedoch – auf den ersten Blick fremd und ungewohnt, ja sperrig – eine Reihe von kritischen Aussagen Jesu zur Familie. Grund genug zur Kritik an seiner eigenen Familie hatte Jesus. Im Markusevangelium heißt es kurz vor unserer Geschichte lapidar: „Sie wollten ihn ergreifen; denn sie sprachen: Er ist von Sinnen" (Markus 3,21). Modern ausgedrückt: Sie erklärten Jesus für psychisch krank und wollten ihn in eine Nervenklinik einweisen lassen. Kein Wunder, dass Jesus zu seiner Familie auf Distanz ging. Seine nächsten Angehörigen hatten nichts von dem verstanden, was ihn im Innersten bewegte: Dass er sich von Gott berufen fühlte, Israel zur Umkehr zu rufen und dem Volk dadurch einen Neuanfang zu ermöglichen. Darum konnte Jesus von seiner Familie keine Hilfe und Unterstützung für seinen Weg erwarten. Er war auf sich allein gestellt. Schlimmer noch: Er musste sich vor Übergriffen vonseiten der Familie schützen, die ihn mit allen Mitteln daran hindern wollte, seiner Berufung zu folgen.

Im alten Israel hatte die Ablehnung durch die eigene Großfamilie schwerwiegende Konsequenzen: Das Leben des Einzelnen wurde viel stärker durch die Familie bestimmt, als das heute der Fall ist. So legten die Eltern fest, welchen Ehepartner man zu heiraten hatte. Da es keine staatlich geregelte Sozialfürsorge gab, hatte die Familie die Aufgabe, für kranke und alte Familienangehörige zu sorgen. Ohne die Unterstützung der Familie war man im alten Israel buchstäblich verloren.

Leibliche Familie und Familie Gottes

Umso erstaunlicher, dass Jesus sich so radikal von seiner Familie distanziert. Warum diese Radikalität? Es geht Jesus um eine grundlegende Relativierung der Loyalität gegenüber der Familie. Nicht mehr ihr, sondern der neuen Familie Gottes, in die Jesus die Menschen hineinruft, soll die erste Loyalität eines Christen gehören.

Jahrhundertelang ist diese Erkenntnis gerade in der evangelischen Kirche verschüttet gewesen. Bisweilen habe ich sogar den Eindruck, dass viele Kirchenmitglieder (und nicht nur sie) auch heute noch der Auffassung sind: Christsein hieße, im Rahmen von Ehe und Familie bürgerlich anständig zu leben. Christlicher Glaube, Nachfolge Jesu Christi, wird mit einem bürgerlichen Lebensstil gleichgesetzt. Die Ortsgemeinde, erst recht die Landeskirche, sind dafür in den Augen vieler Kirchenmitglieder entbehrlich. Wenn überhaupt, wird kirchliche Begleitung einzig an den Wendepunkten des Lebens wie Geburt, Erwachsenwerden, Heirat und Sterben benötigt.

Erst durch die Erschütterungen des vergangenen Jahrhunderts während des Nationalsozialismus und später der SED-Herrschaft setzte in der deutschen Christenheit ein vorsichtiges Umdenken ein. Es wurde deutlich, dass zum Christsein mehr gehört als in Familie und Beruf anständig zu leben. Im Dritten Reich, aber auch in der DDR, konnte es passieren, dass man aufgrund seines christlichen Glaubens von den eigenen Familienangehörigen gemieden, ja sogar verraten wurde. Plötzlich wurde die Zugehörigkeit zur christlichen Gemeinde, zur Familie der Kinder Gottes, überlebenswichtig. Hier fand man die notwendige Unterstützung: nicht nur im Glauben, sondern auch in den alltäglichen Problemen des Lebens. Langsam wuchs in der evangelischen Kirche ein neues Bewusstsein von der Bedeutung der christlichen Gemeinde. Dennoch: Immer noch ist bei vielen Menschen die Distanz, ja Skepsis gegenüber Kirche und Gemeinde groß: bei Menschen außerhalb der Kirche, aber auch – vor allem in den westlichen Landeskirchen – bei Kirchenmitgliedern.

Zugehörigkeit zur Familie Gottes

Vielleicht lässt sich diese Skepsis wenigstens ein Stück weit überwinden, indem wir uns anschauen, woran Jesus die Zugehörigkeit zur neuen, zur geistlichen Familie festmacht. Erstaunlich, dass er eine ganz undogmatische Bedingung stellt. Eine Bedingung, die so gar nicht zu dem passt, was wir normalerweise als Markenzeichen evangelischen Christseins verstehen. Jesus stellt fest: „Wer Gottes Willen tut, der ist mein Bruder und meine Schwester und meine Mutter" (Markus 3,35). Bei Evangelischen ruft dieser Satz instinktiv Widerspruch hervor. Hört sich die Forderung, Gottes Willen zu tun, nicht ziemlich stark nach Gerechtigkeit aus den eigenen Werken an? Ich weiß, was man alles zur theologischen Ehrenrettung Jesu sagen könnte. Aber vielleicht können wir uns diese Versuche, die Aussage Jesu theologisch zu entschärfen und damit leichter verdaulich zu machen, sparen.

Eine unsentimentale Angelegenheit - jeder ist eingeladen

Dass Jesus die Zugehörigkeit zur christlichen Gemeinde und damit zu sich selbst an das Tun des Willens Gottes knüpft, hat nämlich zwei große Vorteile. Zunächst ist diese Bedingung ganz unsentimental, geradezu nüchtern. Man muss weder religiös musikalisch sein noch vor Begeisterung platzen, um zur Familie Gottes zu gehören. Es geht schlicht um die Bereitschaft, den Willen Gottes zu erfüllen. Stellen wir uns zwei Liebende vor: Der eine versichert dem anderen zwar andauernd, dass er ihn liebe, tut jedoch ständig das Gegenteil dessen, was sich der andere von ihm wünscht. Eine solche Liebe ist keine Liebe – zumindest wird sie auf Dauer keinen Bestand haben! Im Hinblick auf die Zugehörigkeit zur Familie Gottes heißt das: Nicht ein frommes Gefühl, sondern ein bestimmtes Verhalten ist entscheidend. Es geht um ein Handeln, das dem Willen Gottes entspricht.

An dieser Stelle stellt sich die Frage: Worin besteht der Wille Gottes? Und wie können wir ihn erfahren? Martin Luther war überzeugt, dass er am konkretesten und klarsten in den Zehn Geboten zu finden ist. Darum beginnt sein „Kleiner Katechismus" mit den Zehn Geboten und ihrer Erklärung. Gottes Wille lässt sich dabei im ersten Gebot zusammenfassen: „Ich bin der Herr, dein Gott …

Du sollst keine anderen Götter haben neben mir!" (2. Mose 20,3). Luthers Erklärung dazu lautet: „Was ist das? Wir sollen Gott über alle Dinge fürchten, lieben und vertrauen."

Manchmal erschrecke ich darüber, wie weit sich an dieser Stelle auch lutherische Christen von den Grundlagen des reformatorischen Glaubens entfernt haben. Wer von der nachwachsenden Generation in der lutherischen Kirche kennt noch die Zehn Gebote mit Luthers Erklärungen auswendig? Leider ist uns Gottes Wille nicht einfach von Geburt an ins Gewissen geschrieben. Das Gewissen kann von allen möglichen Instanzen beeinflusst werden. Darum war Luther überzeugt, dass auch ein reifer Christ den Kleinen Katechismus regelmäßig lesen und meditieren muss.

Der zweite große Vorteil, dass Jesus die Zugehörigkeit zur Familie Gottes mit dem Tun des Willens Gottes verknüpft, zeigt sich in Folgendem: Potenziell ist damit jeder eingeladen, dazuzugehören! Im Prinzip fallen damit alle Hindernisse weg: Religiöse Herkunft, Nationalität, Klasse, Geschlecht, Alter, Familienstand spielen für die Zugehörigkeit zur Familie Gottes keine Rolle. Jesus hat mit dieser Erkenntnis eine religiöse Revolution ausgelöst. In ihr ist der Universalismus des christlichen Glaubens begründet. Jesus stimmt damit ein Lied der religiösen Gleichheit an, das in der Christenheit niemals ganz verstummt ist. Allerdings sind die Kirchen im Verlauf der Geschichte immer wieder in das traditionelle religiöse Denken zurückgefallen. Plötzlich gab es auch in ihren Reihen religiös Privilegierte. Oder sie verweigerten ganzen Menschengruppen den Zugang zur christlichen Gemeinde.

Wer sind bei uns die Menschen und Gruppen, denen wir den Zugang zum Glauben versperren? Die aus der Kirche Ausgetretenen? Oder einfach diejenigen, die sich in unserer kirchlichen Mittelschichtkultur nicht wohlfühlen? Als christliche Gemeinde haben wir dafür Sorge zu tragen, dass alle Menschen in unserer Gesellschaft den Willen Gottes für ihr Leben erfahren.

Auch psychologisch sinnvoll

Ist die radikale Relativierung der Familie, die Jesus vornimmt, auch unabhängig vom christlichen Glauben sinnvoll? Denn der Glaube sollte das Leben ja nicht beeinträchtigen und einschränken, sondern ein Mehr an Leben, ein intensiveres und erfüllteres Leben, ermöglichen. In der Neuzeit lässt sich eine kontinuierliche Stärkung der Rechte des einzelnen Menschen beobachten. Das führte zu enormen Freiheitsgewinnen. Auch die Befreiung aus der Abhängigkeit von der Großfamilie gehört in diesen Zusammenhang. Diese neuzeitliche Entwicklung entspricht durchaus dem Willen Jesu. Die Evangelien zeigen an vielen Stellen, dass Jesus zu den Entdeckern der Würde jedes einzelnen Menschen gehört. Man denke nur an das Gleichnis vom verlorenen Schaf (Lukas 15,3-7). Er nimmt den Einzelnen in Schutz gegenüber Entmündigung und Verurteilung vonseiten der Familie und Gesellschaft.

Kein westlich geprägter Mensch würde sich heute noch in das Korsett des Verhaltenskodex einer Großfamilie zwängen und in seinen individuellen Lebensmöglichkeiten einschränken lassen. Dennoch: Wie sinnvoll und aktuell auch heute noch die Kritik Jesu an der Bevormundung durch die Familie ist, zeigt ein Beispiel aus der Eheseelsorge. Es ist schwer zu glauben, aber trotzdem wahr: Viele Ehen scheitern deshalb, weil sich einer der beiden Partner innerlich nicht von den Eltern gelöst hat.

Zum Schluss noch eine Beobachtung, die über Markus 3,31-35 hinausführt: Die Ablehnung der Sendung Jesu durch seine Familie blieb nicht das letzte Wort. Wir erfahren zwar nicht, wann und wodurch der Umschwung erfolgte. Das Johannesevangelium berichtet aber, dass unter dem Kreuz Jesu seine Mutter Maria stand (Johannes 19,25-27). Jesus kümmert sich in seiner Sterbestunde um ihre soziale Absicherung: Sein Lieblingsjünger Johannes soll sie nach seinem Tod zu sich nehmen und für sie sorgen. Sowohl Jesu Mutter als auch seine Brüder gehören nach dem Bericht der Apostelgeschichte zur Jerusalemer Urgemeinde (Apostelgeschichte 1,14). Sie erleben zusammen mit den Jüngern das Pfingstfest. Jakobus, ein Bruder Jesu, wird eine der führenden Persönlichkeiten der Gemeinde in Jerusalem. Später steigt er sogar zu deren Leiter auf.

Die familienkritischen Aussagen Jesu richten sich nicht gegen die Familie an sich. Jesus wendet sich gegen die Übermacht der Familie, die alles in ihren Bann zieht. Dadurch werden Familienmitglieder häufig von der christlichen Gemeinde ferngehalten. Zumindest verhindert der Familiendruck, dass sie sich aktiv in der Gemeinde einbringen. Das soll nach dem Willen Jesu nicht sein.

Die Ehelehre Jesu: drei Schritte auf dem Weg zu einer gelingenden Ehe (Markus 10,1-9)

Lebenslänglich

Die Ehe war bereits zur Zeit Jesu, vor fast 2000 Jahren, heiß umkämpft. Im Evangelium wird erzählt, dass Pharisäer zu Jesus kommen, um ihm eine Fangfrage zu stellen. Der Streitpunkt ist folgender: Darf sich ein Mann von seiner Frau scheiden lassen und wenn ja, aus welchen Gründen? Die Antworten der verschiedenen Schriftgelehrten widersprachen sich in dieser Frage. Für Rabbi Hillel war ein angebranntes Essen Grund genug, dass ein Mann seine Frau wegschicken konnte. Rabbi Schammai erlaubte die Scheidung nur bei Ehebruch. Der berühmte Rabbi Akiba schließlich war der Auffassung, dass ein Mann sich von seiner Frau trennen kann, wenn er eine andere schöner findet. Dabei konnten sich die jüdischen Lehrer auf ihren Gesetzgeber Mose berufen, der erlaubt hatte, dass Männer unter bestimmten Umständen ihren Frauen einen Scheidebrief ausstellten (5. Mose 24,1).

Jesu Antwort unterscheidet sich diametral von den Auffassungen der genannten Rabbiner. Er lehnt die Ehescheidung an sich ab. Die Ehe ist unauflöslich, lebenslänglich geschlossen! Für seine Ansicht argumentiert er schöpfungstheologisch unter Hinweis auf die Erzählungen von der Erschaffung des Menschen in den beiden ersten

Kapiteln der Bibel. Gott ist ein Liebhaber der Ehe. Er selbst hat Mann und Frau dazu geschaffen, dass sie in lebenslanger Gemeinschaft zusammenleben.

Jesus bleibt aber nicht dabei stehen, die Ehescheidung einfach abzulehnen. In Aufnahme der Erzählung von der Erschaffung von Mann und Frau in 1. Mose 2,21-25 nennt er drei Schritte, wie eine Ehe gelingen kann: „Darum wird ein Mann seinen Vater und seine Mutter verlassen und seiner Frau anhangen, und sie werden sein ein Fleisch" (V. 24).

1. „Ein Mann wird seinen Vater und seine Mutter verlassen"

Der erste Schritt, dass die Ehe gelingt, besteht darin, dass Mann und Frau gegenüber ihren Eltern selbstständig werden: „Darum wird ein Mann seinen Vater und seine Mutter verlassen." Wir machen uns heute keine Vorstellung davon, wie revolutionär diese Forderung in Israel war. Im Orient war es üblich, dass der Mann seine Braut „heimholte" und in die eigene Großfamilie brachte. Obwohl er weiterhin mit den Eltern unter einem Dach wohnte, soll er diese dennoch verlassen. Damit kann nur eine innere Einstellung gemeint sein: Der Ehemann soll unabhängig werden vom Urteil der Eltern. Vater und Mutter dürfen nicht länger in das Leben des verheirateten Sohnes hineinregieren. Nicht länger Mutter und Vater, sondern die eigene Frau soll fortan die wichtigste Bezugsperson für ihn sein.

Wie viele verheiratete Ehemänner haben auch in Deutschland die Ablösung von der Mutter nicht bewältigt. Immer wenn es mit der eigenen Frau anstrengend wird, fliehen sie zur Mutter. Von ihr holen sie sich auch nach der Heirat Rat in den wichtigen Fragen; von ihr lassen sie sich materiell verwöhnen! Umgekehrt sind ebenso viele Ehefrauen noch an ihre Eltern gebunden. Beim kleinsten Streit mit dem Ehemann suchen sie Rückendeckung, Zuflucht und Trost bei Vater oder Mutter.

Wie soll unter diesen Voraussetzungen eine tiefe, von gegen-

seitigem Vertrauen geprägte Beziehung zwischen den Ehepart-
nern wachsen? Die Ehe reift nicht zuletzt dadurch, dass die beiden
Partner gemeinsam ihre Konflikte bewältigen. Nur rückhaltloses
Vertrauen lässt Mann und Frau auf Dauer beieinanderbleiben
und – wenn nötig – wieder zueinanderfinden. Es gibt kein besseres
Mittel gegen die Entfremdung voneinander als das offene Gespräch
miteinander, in dem man sich selbst, aber auch den anderen nicht
schont. Eheleute wundern sich oft, dass ihr Partner auf sexuellem
Gebiet abweisend ist. Fehlendes Vertrauen macht sexuelle Erfüllung unmöglich!

2. „Der Mann wird seiner Frau anhangen"

Der zweite Schritt auf dem Weg zu einer gelingenden Ehe, von dem
Jesus spricht, ist die notwendige Gemeinschaft zwischen Mann und
Frau auf seelischem Gebiet: „Der Mann wird seiner Frau anhangen." Eheleute sollten in der Ehe voneinander fasziniert sein. Ich
hatte eine kluge, schon ältere Tante, die ich einmal nach dem Geheimnis ihrer außergewöhnlich glücklichen Ehe fragte. Sie antwor-
tete: „Es muss immer wieder zum Funkenflug zwischen Mann und
Frau kommen, sonst wird die Ehe steril und langweilig."

Damit die Liebe zwischen Mann und Frau herzlich und leuch-
tend bleibt, ist entscheidend, dass beide die Andersartigkeit des
Partners nicht als Bedrohung, sondern als Bereicherung erkennen.
Zwischen Mann und Frau bleibt bei noch so großer Gemeinsam-
keit eine „feine brennende Andersheit"[31] bestehen. Je besser man
sich kennenlernt, desto deutlicher stellt man fest, dass der andere
einem gleichzeitig immer fremder wird. Die Fremdheit, ja Unergründlichkeit des Ehepartners zu bejahen, ihn nicht nach dem eigenen Bilde umgestalten zu wollen, stellt vielleicht eine der größten
Herausforderungen der Ehe dar. Die Andersartigkeit des Partners
als Bereicherung entdecken kann wahrscheinlich besser, wer ihn als
Gedanke Gottes, als Abbild Jesu Christi, zu sehen vermag. Dann
freut man sich über alles, was Gott an Begabungen, die ja immer

auch Grenzen sind, in den Ehepartner bzw. die Ehepartnerin hineingelegt hat. Der russische Dichter Fjodor Dostojewskij, der ein großer Menschenkenner und ein überzeugter Christ war, meinte:

Ich halte es nicht für das größte Glück, einen Menschen ganz enträtselt zu haben. Ein größeres Glück ist es noch, bei dem, den wir lieben, immer neue Tiefen zu entdecken, die uns immer mehr die Unergründlichkeit seiner Natur in ihrer ewigen Tiefe offenbaren.

Viele Ehepaare haben verlernt, einander trotz ihrer Unterschiedlichkeit zu ehren. Stattdessen werden vor anderen Menschen schonungslos die Schwächen des Partners preisgegeben. Wie wohltuend, wenn man Paare erlebt, wo sich der eine schützend vor die Eigenarten des anderen stellt. Wie sonst kann ihre Liebe Bestand haben?

3. „Sie werden sein ein Fleisch"

Der dritte Schritt auf dem Weg zu einer gelingenden Ehe ist die sexuelle Gemeinschaft zwischen Mann und Frau. Was heute häufig das Erste in einer Beziehung ist, stellt für Jesus den dritten Schritt dar. Erst wenn junge Erwachsene unabhängig von ihren Eltern geworden sind, bereit, Verantwortung für das eigene Leben zu übernehmen, und wenn es auf der Ebene der Seele, des Gefühls, zur Harmonie gekommen ist, folgt die Feier der sexuellen Gemeinschaft. Viele junge Menschen lügen heute mit ihren Körpern! Niemand kann – wenigstens auf Dauer – auf sexuellem Gebiet zur Harmonie finden, wenn nicht der äußere Rahmen dafür gegeben ist.

Umfragen zum Umgang Jugendlicher mit ihrer Sexualität haben ergeben, dass sie immer früher ihren ersten Geschlechtsverkehr haben. Mädchen bereits mit vierzehn. Das Fazit: Sie haben wenig empfunden. Kein Wunder: In diesem Alter ist weder von den äußeren Bedingungen noch von der Reife der Persönlichkeit her die Voraussetzung für erfüllenden Sex gegeben. Die sexuelle Freizügigkeit hat für viele Jugendliche keine wirkliche Freiheit gebracht. Sie stellt weithin eine Überforderung dar. Ich erlebe immer wieder in Gesprächen mit jungen Erwachsenen, dass sie die Sexualität von ihrem übrigen Leben abspalten und dadurch in zwanghaftes und suchtähnliches Verhalten geraten.

Es ist ein Vorurteil, dass die Bibel in der Ehe alles verbietet, was Spaß macht. Im Gegenteil, etwas salopp formuliert: Gottes Wort ist bemüht, die Rahmenbedingungen zu schaffen, dass der Spaß – auch in sexueller Hinsicht – in der Ehe nicht aufhört. Dabei besteht heute die kirchliche und gesellschaftliche Herausforderung nicht so sehr darin, das Eigenrecht von Erotik und Sexualität zu fördern. Vielmehr geht es darum, klarzumachen, dass erfüllende Erotik kein Selbstläufer, sondern von bestimmten Voraussetzungen abhängig ist. Gelingender Sex hängt nicht zuletzt von einem Raum des Vertrauens und der Verlässlichkeit ab.

Jesus knüpft in seiner Ehelehre an die biblische Schöpfungsgeschichte an. Er erinnert daran, wie Gott sich die Ehe gedacht hat: „Darum wird ein Mann seinen Vater und seine Mutter verlassen und wird an seiner Frau hängen, und die zwei werden ein Fleisch sein. So sind sie nicht mehr zwei, sondern ein Fleisch" (Markus 10,7f). Die Schlussfolgerung, die Jesus daraus zieht, ist nicht als Drohbotschaft, sondern als Frohbotschaft zu verstehen: „Was nun Gott zusammengefügt hat, soll der Mensch nicht scheiden" (Markus 10,9). Damit will er seinen Hörerinnen und Hörern vor Augen stellen, was im Hinblick auf die Ehe lebensförderlich ist. Wer diesen Rahmen überschreitet, gerät unweigerlich in Konflikt mit seiner Geschöpflichkeit. Die Folge sind Unfrieden, Perversionen und seelisches Leid.

Die Ehe ist eine lebenslängliche Gestaltungsaufgabe. Mann und Frau haben in der Ehe ein Leben lang Zeit, sich näher kennenzulernen. Sie sollen miteinander alt werden, ohne Angst haben zu müssen, dass ein Partner den anderen verlässt. Sie sollen im häufig grauen Alltag einander lieben lernen: eine Bestimmung, die zwar jeder Mensch hat, die sich aber nirgends so gut wie in der Ehe üben lässt. Schließlich haben Mann und Frau in der Ehe die Aufgabe, das Leben der kommenden Generation zu schaffen und in Obhut zu nehmen. Damit sind sie beteiligt an Gottes eigenem Schöpfungshandeln.

3.4 Seelsorge an Seelsorgerinnen und Seelsorgern

Den Seinen gibt's der Herr im Schlaf: Gott als Subjekt der Seelsorge (Markus 4,26-29)

Automatisch

Jesus weist im Gleichnis von der selbstwachsenden Saat auf den entscheidenden Aspekt aller Arbeit im Reich Gottes, und damit auch der Seelsorge, hin: Der Erfolg dieser Arbeit ist zuerst und vor allem anderen Gottes Sache. Jesus bedient sich im Gleichnis des Stilmittels der klärenden Übertreibung: Die Saat wächst „von selbst", wie Luther übersetzt – „automatisch", wie wir heute mit dem griechischen Fremdwort (*automatä*), das hier im Urtext steht, sagen. Ganz ohne unser Zutun! Das notwendige Pflügen des Bodens, das Ausstreuen des Samens, das Jäten des Unkrauts – all das bleibt außer Acht. Jesus richtet den Blick seiner Zuhörer ausschließlich auf den Vorgang des vom Menschen nicht machbaren natürlichen Wachstums.

Er tut das aus drei Gründen: Jesus möchte seine Jünger entlasten, er möchte das Verhältnis zwischen göttlichem und menschlichem Handeln klären und er möchte den Jüngern das Ziel ihrer Arbeit vor Augen stellen.

Entlastung

Jesus möchte seine Jünger befreien von allem übertriebenen Vertrauen in die eigenen Möglichkeiten. Der Erfolg der Seelsorge hängt nicht von der Aktivität des Menschen ab!

Jesus gab den Jüngern durch sein eigenes Verhalten ein Beispiel dafür. Es ist ja geradezu unglaublich, welche hohen Ziele Jesus in seinem Leben verfolgte: Er verstand sich als Messias Israels und war überzeugt, sein Leben als Lösegeld für alle Menschen hingeben zu müssen. Angesichts dieser hohen Aufgaben müsste man annehmen, dass er Tag und Nacht von Unruhe gequält worden wäre. Nichts von alledem! Nirgendwo in den Evangelien wird gesagt, dass Jesus außer Atem oder gestresst gewesen sei. Vielmehr bringt er in großer innerer Ruhe und Selbstgewissheit seine Ziele voran. Durch sein ganzes öffentliches Wirken zieht sich wie ein roter Faden die Gewissheit, dass er im Auftrag eines Höheren handelt. Er ist überzeugt: Sein himmlischer Vater ist für das Gelingen seines Lebenswerks verantwortlich. Jesus kann nur das wirken, worin er im Einklang mit dem Willen seines Vaters steht. Diese Lebenseinstellung findet in der Bergpredigt ihre höchste Vollendung und klarste Darstellung.

Martin Luther bringt das von Jesus im Gleichnis von der selbstwachsenden Saat Gemeinte im Hinblick auf sein eigenes Tun besonders drastisch zum Ausdruck:

> *Ich habe allein Gottes Wort getrieben, gepredigt und geschrieben, sonst hab ich nichts getan. Das hat, wenn ich geschlafen habe, wenn ich Wittenbergisch Bier mit meinem Philippus [Melanchthon] und Amsdorf getrunken habe, also viel getan, daß das Papsttum so schwach geworden ist, daß ihm noch nie kein Fürst noch Kaiser so viel Abbruch getan hat.*[32]

Dass ich mir das Wohlwollen und die Liebe Gottes nicht verdienen kann, muss sich auswirken auf die Art und Weise meines Einsatzes für das Reich Gottes, für andere Menschen, für Theologie und Kirche – auch auf meine Seelsorge. Eine solche Seelsorge ist Rechtfertigungsglaube konkret!

Göttliches und menschliches Handeln

Das Gleichnis von der selbstwachsenden Saat will aber nicht nur von ungutem Leistungsdruck und kurzatmigem Aktionismus entlasten. Jesus will auch das Tun des Menschen und das Tun Gottes in das rechte Verhältnis setzen. Es war Dietrich Bonhoeffer, der in seiner Seelsorgevorlesung im Predigerseminar die Vikare immer wieder darauf hingewiesen hat, dass alles menschliche Tun im Raum der Kirche nur Wegbereitung für Gottes Tun ist.[33] Pointiert ausgedrückt: Alles hängt in der Kirche davon ab, dass Raum geschaffen wird für das göttliche Handeln. Gott selbst ist und bleibt das Subjekt der Seelsorge!

Damit wird ein ganz anderer Ton angeschlagen, als er in dem weitverbreiteten Slogan „Gott hat keine anderen Hände und Füße als die der Menschen" anklingt. Was für eine Selbstüberschätzung des menschlichen Tuns! Da hat Matthias Claudius die Botschaft des Gleichnisses Jesu in seinem bekannten Erntedanklied besser getroffen:

Wir pflügen und wir streuen den Samen auf das Land,
doch Wachstum und Gedeihen steht in des Himmels
Hand:
Der tut mit leisem Wehen sich mild und heimlich auf
und träuft, wenn heim wir gehen, Wuchs und
Gedeihen drauf. (EG 508,1)

Es bleibt ein Geheimnis, wie genau Gott mit dem Menschen zusammenwirkt. Aber eines ist glasklar: Der Erfolg der menschlichen Arbeit – auch der Seelsorge – hängt von Gott und dessen Segen ab. Das lehrt schon die Erfahrung! Dass einem Menschen, der sich in Not befindet, nachhaltig geholfen wird, ist von sehr vielen Faktoren abhängig. Kein Sozialarbeiter, Entwicklungshelfer oder Psychologe kann letzlich den Erfolg seines Handelns garantieren. Erst recht gilt das für die christliche Seelsorge. Häufig ist in einem Seelsorgegespräch ein nebenbei hingeworfener Satz für den Hilfesuchenden entscheidend. Ich habe oft erlebt, dass Menschen sich später für einen Hinweis bedankten, an den ich mich selbst gar nicht mehr erinnern konnte. Ähnliches erleben viele Prediger. Hörer kommen nach der Predigt auf sie zu und erzählen, dass sie durch ein bestimmtes Wort getröstet worden seien, das der Prediger mehr oder weniger absichtslos ausgesprochen hat (wenn überhaupt …). Ähnlich verhält es sich beim Unterrichten an der Universität. Auch hier gilt: Saat in der Hoffnung auf Gottes Segen! Was für ein Glücksgefühl für den Unterrichtenden, von einem Studenten zu erfahren, dass diesem ein Seminar wieder festen Boden in seinem Glauben verschafft habe und er fortan im Theologiestudium mit neuer Freude die Inhalte des Glaubens durchdenken konnte. Der Seminarleiter hatte keine Ahnung von der Krise des Studenten.

Wie wichtig die Erkenntnis ist, dass Gott das Subjekt aller Seelsorge ist, zeigt auch folgende Überlegung: Nur wenn klar bleibt, dass Gott das Subjekt des seelsorglichen Handelns ist, kann der Herrschaft von Menschen über Menschen in geistlichen Dingen ein Riegel vorgeschoben werden. Im Glauben steht jeder Mensch unmittelbar vor Gott! Der christliche Glaube lässt sich nicht erzwingen, sondern muss eine freiwillige Angelegenheit bleiben – sonst entartet er zur Heuchelei. Ich kenne viele Menschen, die gerne glauben würden, aber es – aus welchen Gründen auch immer – nicht können. Schon Paulus schreibt: „Der Glaube ist nicht jedermanns Ding" (2. Thessalonicher 3,2). Glücklicherweise stellt er jedoch genauso fest: Der Glaube ist eine Gnadengabe, ein Geschenk, das Gott jedem Menschen machen möchte (1. Korinther 12,3; 1. Timotheus 2,4). Diese Gnadengabe gedeiht nur in einem Raum der Freiheit. Die Kirche muss deshalb darauf achten, dass niemand durch ihre Seelsorge manipuliert wird. Ja, sie muss den Adressaten ihrer Botschaft deren Annahme oder Ablehnung bewusst freistellen.

Jesus zeichnet im Gleichnis von der selbstwachsenden Saat das Bild eines Landwirts, der sich um die eigene Aussaat nicht weiter kümmert. Nicht ein Zuwenig seelsorglicher Aktivität ist das Problem, sondern ein Zuviel! Nur allzu leicht gerät nämlich über der eigenen Aktivität Gott als das Subjekt der Seelsorge aus dem Blick.

Ziel und Vollendung

Das Gleichnis will den Jüngern schließlich das Ziel ihrer Arbeit vor Augen stellen. Jesus eröffnet ihnen damit einen weiten Horizont: die Aussicht auf die Ernte. Sie wurde im Alten Orient groß gefeiert. Das Erntefest war geprägt von Dankbarkeit und Freude. Damals arbeiteten fast alle Menschen in der Landwirtschaft. Eine schlechte Ernte bedeutete Hungersnot und Armut, eine gute Ernte dagegen Sattwerden und Wohlstand. Wenn Jesus von der Ernte als Ziel der Arbeit im Reich Gottes und damit auch der Seelsorge sprach, weckte er bei seinen Zuhörern durch und durch positive Assoziationen. Die Aussicht auf die Ernte war kein Grund zur Furcht, sondern zu gespannter und froher Erwartung.

Es ist nichts umsonst, was diejenigen tun, die Jesus nachfolgen. Auch wenn die Frucht zunächst ausbleibt, der Boden verschlossen und wie zubetoniert erscheint, sich keine grünen Halme zeigen, ist keine Arbeit für das Reich Gottes vergeblich. Normalerweise sind viele kleine und unscheinbare Anstöße nötig, bis sich jemand auf den Weg des Glaubens und der Nachfolge einlässt. Es müssen viele mittun, bis jemand zum Glauben kommt und darin wächst. Indem Jesus im Gleichnis davon spricht, dass die Ernte am Ende der Zeiten eingebracht wird, macht er seinen Jüngern eine großartige Zusage: Sie alle, die in der Seelsorge mitarbeiten, können sich darauf verlassen, dass Gott ihre Arbeit vollenden wird. Wie klein und unscheinbar, wie fragmentarisch und fehlerhaft sie sich auch darstellt. Weil Gott das Subjekt aller kirchlichen Arbeit ist, heißt das automatisch, dass er alle dem menschlichen Tun – und damit auch der Seelsorge – anhaftenden Mängel ausgleichen wird. Darum kann Gott es sich leisten, sein Reich mit ziemlich zweifelhaften Gestalten voranzubringen. Die Bibel ist voll von ihnen – und auch die Geschichte der Kirche. Die gute Nachricht für Seelsorgerinnen und Seelsorger: Ganz egal, wie mangelhaft ihr Einsatz ist, Gott bringt ihre Arbeit ans Ziel. Er wird sie am Ende der Zeiten vollenden.

Gott muss wieder zum Subjekt der Seelsorge werden. „Denn Gott ist's, der in euch wirkt beides, das Wollen und das Vollbringen" (Philipper 2,13). Aus dieser Gewissheit heraus kann die Seelsorge neu geboren werden. Diese Gewissheit aber nimmt der Seelsorge die Kurzatmigkeit und schenkt einen langen Atem – Voraussetzung dafür, um auch in Zeiten von Erfolglosigkeit durchzuhalten.

Die Aussendung der Zweiundsiebzig: seelsorgliche Praxisübungen (Lukas 10,1-12.17-20)

Drei grundlegende Alleinstellungsmerkmale der Regierungsweise Jesu

Jesus sendet seine Jünger und Jüngerinnen aus, damit sie den Anbruch seines Reiches mit Wort und Tat verkündigen. Mit anderen Worten: Sie sollen seine Regierung durchsetzen. Bevor sie aufbrechen, erläutert er ihnen seine Regierungsweise. Ähnlich wie heutige Regierungserklärungen auch, ist die Regierungserklärung Jesu ein Programm, dessen Verwirklichung noch aussteht. Allerdings will Jesus seine Macht auf vollkommen andere Weise durchsetzen als weltliche Regierungen. Drei Alleinstellungsmerkmale fallen ins Auge: Verzicht auf Gewalt, auf Geld und auf Schnelligkeit. Alle drei Merkmale sind für das seelsorgliche Handeln bis heute wesentlich. Seelsorge gedeiht, wie wir schon sahen, nur im Raum der Freiheit, ohne Zwang; sie sollte unabhängig bleiben von finanziellen Interessen; sie verläuft wachstümlich, d. h. sie lässt sich nicht beschleunigen wie industrielle Produktionsprozesse. Dabei sollten wir uns allerdings klarmachen, dass Christen außerhalb des Bereichs der christlichen Gemeinde in ihrem Beruf unter Beachtung der geltenden Gesetze Gewalt ausüben und Geld verdienen dürfen.

Das Gleiche gilt natürlich im Hinblick auf das Einhalten zeitlicher Fristen bei Aufträgen wie z. B. Bauvorhaben.

Jesus verzichtet auf den Einsatz von Gewalt. Jesu Auftrag kann nicht durch Armee oder Polizei durchgesetzt werden! „Gehet hin, siehe, ich sende euch wie Lämmer mitten unter die Wölfe!" (Lukas 10,3). Jesus erklärt für seine Regierung einen grundsätzlichen Gewaltverzicht. Nach menschlichem Ermessen haben Lämmer unter Wölfen keine Überlebenschance! Die Regierung Jesu hat eigentlich keine Chance, sich durchzusetzen. Ein Wunder, dass das Christentum heute die Religion mit den meisten Anhängern auf der Welt ist.

Leider hat die Christenheit im Lauf ihrer Geschichte den Regierungsauftrag Jesu immer wieder ins Gegenteil verkehrt. Aufgrund einer falschen Interpretation des Satzes „Nötige sie, hereinzukommen" aus dem Gleichnis vom großen Abendmahl (Lukas 14,23) durch den Kirchenvater Augustinus scheute die Kirche sich lange Zeit nicht, mit Zwangsmitteln zu missionieren. Eroberung und Missionierung Mittel- und Lateinamerikas etwa erfolgten Hand in Hand. Bis Anfang des 19. Jahrhunderts übten römisch-katholische Bischöfe in Deutschland die Regierungsgewalt von heutigen Ministerpräsidenten aus. Ja, sie führten sogar Kriege und verhängten die Todesstrafe. Auch die evangelische Kirche und der preußische Staat waren bis 1918 mehr oder weniger eins. Bis heute besteht zwischen Staat und Kirche in Deutschland eine „hinkende Trennung".[34]

Nicht nur durch ihren Verzicht auf Gewalt unterscheidet sich die Regierung Jesu von weltlichen Regierungen. Die Mitarbeiterinnen und Mitarbeiter Jesu sollen außerdem auf Besitz verzichten: kein Geld, keine Tasche, keine Schuhe. Gewöhnlich drängeln sich Menschen nach Regierungsposten – um Macht und Ehre, aber auch um Geldes willen. Was für ein Ämtergeschacher spielt sich in und zwischen den Parteien vor jeder Regierungsbildung ab! Auf der Regierungsbank Jesu sieht es anders aus. Hier drängt sich niemand nach einem Posten. Im Gegenteil, die Regierung Jesu leidet unter Mitarbeitermangel: „Die Ernte ist groß, der Arbeiter aber sind wenige. Bittet den Herrn der Ernte, dass er Arbeiter aussende in seine Ernte" (V. 2). Die Mitarbeiter Jesu Christi sollen arm und bedürftig seine Regierung in der Welt durchsetzen. Kein Wunder, dass gerade Menschen in einer Wohlstandsgesellschaft wie Deutschland es sich zweimal überlegen, ob sie sich in ein solches Amt berufen lassen. Wer möchte schon freiwillig arm sein?

Auch an dieser Stelle hat die Christenheit die Maßstäbe Jesu häufig mit Füßen getreten. Bis heute werden die Bischöfe in Deutschland ähnlich gut wie Minister bezahlt und die Pfarrer wie Beamte. Der dänische Philosoph Sören Kierkegaard bezeichnete den verbeamteten Theologieprofessor schon im 19. Jahrhundert als einen Widerspruch in sich selbst. Darum hat Dietrich Bonhoeffer in „Widerstand und Ergebung" vorgeschlagen, dass die Kirche ihren Besitz an die Armen verschenken soll und die Pfarrer unmittelbar von den Spenden der Gemeinde leben sollen.[35] Bonhoeffer war überzeugt: Durch ihr Vorbild gewinnt das Wort der Kirche neue Kraft. Gut, dass es immerhin einzelne Gruppen in der Christenheit gibt, die auf Geld weitgehend verzichten. Die Brüder von Taizé gehören dazu!

Schließlich besteht noch ein dritter fundamentaler Unterschied zwischen der Regierung Jesu Christi und jeder heutigen weltlichen Regierung. Jesus hat Zeit. Er denkt nicht in Wahlperioden. Anders als eine Bundeskanzlerin oder ein Bundeskanzler, deren Regierung zeitlich begrenzt ist, hat Jesus Christus an Himmelfahrt für alle Zeit die Regierung über die Welt, ja den ganzen Kosmos, angetreten. Und die braucht er auch! Ohne Gewalt und ohne Geld und mit nur wenigen Mitarbeitern lässt sich Jesu Regierungsprogramm nicht von heute auf morgen durchsetzen.

Die Seelsorgepraxis Jesu

Gehen wir einen Schritt weiter: Welche Dinge will Jesus in seiner Seelsorge für die Menschheit konkret durchsetzen? „Wenn ihr in ein Haus kommt, so sprecht zuerst: Friede sei diesem Hause!"

Punkt eins in Paragraf eins der Seelsorge Jesu Christi lautet also: „Friede sei mit diesem Hause!" Seelsorgerinnen und Seelsorger Jesu sollen Boten des Friedens sein. Bemerkenswert ist, dass Jesus in seiner Seelsorge nicht die Fehler des modernen Individualismus macht, der übersieht, dass der einzelne Mensch immer zugleich in Beziehungen lebt. Es gibt den Menschen nicht an sich – es gibt ihn auch als Einzelnen immer nur verbunden mit anderen Menschen. Zudem ist jeder Mensch bis in seinen Habitus hinein von seiner Herkunftsfamilie geprägt. Neben dem Einzelnen und seinem „oikos", seiner Familie, hat Jesus darüber hinaus die Stadt im Auge. Im Griechischen steht hier der Begriff *polis*. Die Polis war nach dem Verständnis der Griechen die allen anderen staatlichen Verbänden zugrunde liegende politische Einheit.

Die Seelsorge Jesu zielt auf den Frieden der Welt, den alles umspannenden, schon im Alten Testament verheißenen großen Schalom. Es geht Jesus um die Schalomatisierung der Welt. Damit Friede entstehen kann, müssen gleich vier Beziehungsstörungen überwunden werden: zwischen Mensch und Gott, zwischen Mensch und Mensch, zwischen Mensch und Natur und zwischen dem Bewussten und dem Unbewussten im Menschen. Die Beziehungsstörungen – theologisch gesprochen die Sünde – können überwunden werden, weil Jesus am Kreuz Frieden zwischen Gott und Mensch gemacht hat und damit die entscheidende Voraussetzung für den Schalom in der Welt erfüllt ist. „Ehre sei Gott in der Höhe und Friede auf Erden ..." (Lukas 2,14), haben die himmlischen Engelchöre bei der Geburt Jesu, des Friedensfürsten, an Weihnachten gesungen. Das Ziel der Seelsorge Jesu ist weit gespannt, weltumfassend. Es geht um den Frieden der Welt und damit auch um die Befriedung gesellschaftlicher Konflikte.

Darüber darf jedoch der Einzelne nicht aus dem Blick geraten: „Wenn dort ein Kind des Friedens ist, so wird euer Friede auf ihm ruhen ..." (V. 6). Der Friede Gottes beginnt im menschlichen Herzen durch die Versöhnung mit Gott. Wenn beim Einsatz für die Verbesserung der Gesellschaft die Seele des Menschen übersehen wird, verkommt das Evangelium zu einer Weltverbesserungsideologie. Die Jünger sollen sich in der Seelsorge zuerst um den Einzelnen kümmern. Auch Jesus selbst hat so gehandelt. Wir sahen bereits, wie er Zachäus auf dem Baum sitzen sah, stehenblieb und ihn ansprach: „Zachäus …, ich muss heute in *deinem* Haus einkehren" (Lukas 19,5). Sören Kierkegaard war überzeugt, dass ein Mensch überhaupt erst dadurch zum Einzelnen wird, dass Jesus ihn persönlich anspricht. Erst indem ich die Anrede Jesu vernehme, wird mir eine unverwechselbare Persönlichkeit zugesprochen.

Der Orientierung am einzelnen Menschen entspricht, dass Jesus in seiner Seelsorge nicht auf die Gewinnung von Massen aus ist. Es geht ihm um Qualität, nicht um Quantität: „In demselben Haus aber bleibt … Ihr sollt nicht von einem Haus zum andern gehen" (V. 7). Konzentriert euch! Die Seelsorge Jesu zielt nicht auf Resonanz um jeden Preis.[36] Jesus fordert seine Mitarbeiter auf, sich auf bestimmte Menschen zu konzentrieren. Gründliche Überzeugung weniger, nicht Aufmerksamkeitserregung bei möglichst vielen – so breitet sich die Herrschaft Jesu Christi aus. Eine solche Strategie steht quer zu den Zielen unserer Mediengesellschaft, in der die Quote regiert.

Jesu Seelsorge hat nicht nur die geistige Erneuerung des Menschen zum Ziel. Die Wirkung des Evangeliums darf nicht ausschließlich in das Innere des Menschen verlegt werden. Jesus will den Menschen vollständig erneuern, nach Leib, Seele und Geist. „Wenn ihr in eine Stadt kommt und sie euch aufnehmen, dann … heilt die Kranken!" (V. 8f). Zum Auftrag der Mitarbeiter Jesu gehört darüber hinaus das Austreiben von bösen Mächten, die das Leben zerstören. Der katholische Theologe Eugen Biser sprach schon vor Jahren vom Christentum als einer „therapeutischen Religion".[37] Gerade Männer und Frauen, die in ihrem Beruf intellektuell gefordert sind, wollen den Glauben nicht nur denken, sondern auch erfahren, mit allen Sinnen erleben.[38] Menschen, die dem Evangelium fernstehen, sind in Zukunft nur zu gewinnen, wenn neben ihrem Intellekt auch Emotionalität und Sinnlichkeit angesprochen werden.

Die Seelsorge Jesu an seinen Mitarbeitern und Mitarbeiterinnen

Bisher haben wir uns die Seelsorge Jesu für die noch außerhalb seines Reiches lebenden Menschen angeschaut. Lassen Sie uns nun fragen, wie die Seelsorge an seinen Mitarbeitern und Mitarbeiterinnen aussah. Ausdrücklich hält Jesus fest: „Ein Arbeiter ist seines Lohnes wert." Und gleich zweimal heißt es: „Esst und trinkt, was man euch gibt" (V. 7). Es ist sehr tröstlich, dass Jesus auch für die leiblichen Bedürfnisse seiner Jünger sorgt.

Die Bibel lässt sich als Segensgeschichte Gottes mit der Menschheit lesen. Dabei hat Gottes Segen immer eine handfeste materielle Dimension. Das gilt nicht nur für das Alte Testament, sondern genauso für das Neue. Der Segen Gottes darf nicht vorschnell spiritualisiert werden! Der Segen der Eltern baut den Kindern Häuser, heißt es in Jesus Sirach 3,9. Allerdings erlaubt materieller Wohlstand keinen Rückschluss auf ein Gott wohlgefälliges Leben. An Hiob wird deutlich: Auch Leiden und Entbehrung können dem Willen Gottes entsprechen.

Neben dem leiblichen Wohl sorgt Jesus für das geistliche Wohl seiner Leute: „Freuet euch aber, dass eure Namen im Himmel geschrieben sind" (V. 20). Anteil zu bekommen am ewigen Leben Gottes, ist Jesu wichtigstes Geschenk an seine Mitarbeiterinnen und Mitarbeiter. Er macht sie frei von der Sorge um ihr ewiges Heil. Anders die Sicht der 72 Mitarbeiter Jesu bei der Rückkehr von ihren seelsorglichen Praxisübungen. Sie sind zuallererst begeistert darüber, was sie im Namen Jesu Christi alles fertiggebracht haben. Sogar die bösen Geister sind ihnen untertan! Jesus bleibt angesichts ihres Enthusiasmus auffällig cool. Er lenkt ihren Blick weg von ihrer Leistung auf das, was sie ihm verdanken! Sie sollen sich darüber freuen, dass ihre Namen im Himmel angeschrieben sind.

Es kommt Jesus offensichtlich nicht auf die fromme Leistung seiner Mitarbeiter an. Im Gegenteil: Er warnt davor, das eigene fromme Tun zu überschätzen.

Heute scheinen sich Burn-out-Erkrankungen gerade im Raum der christlichen Gemeinde bei sog. Hauptamtlichen auszubreiten. Deshalb ist es gut, in diesem Zusammenhang an den Ausspruch des Grafen Zinzendorf zu erinnern:

> *Es ist ein grosser Fehler, den man mit vielem Schaden erfahren muß, wenn man sich in die Liebe zu seinem Nächsten, ins Predigen und in die Bekehrsucht so ver-gafft und verliebt, daß man nicht Zeit hat, an sich zu denken [...]. Ein Zeuge seyn ist recht gut, aber sein eignes Gefühl, seine eigene Gnade und Seligkeit ver-plaudern, und unterdessen, daß man andere Leute her-zurufft, seine eigene Erfahrung negligiren [vernachlässi-gen], über dem Ausfliessen selbst vertroknen und sich so ausschöpfen lassen, wie man einen Brunnen austroknet, daß nichts mehr da ist, das geht unmöglich an.*[39]

Im Rahmen des seelsorglichen Engagements geht es nicht anders als im weltlichen Leben darum, das richtige Verhältnis von Spannung und Entspannung zu finden. Beides gehört zu einem gesunden Le-bensrhythmus. Darum ist für die Mitarbeiterinnen und Mitarbei-ter Jesu Abrüstung und Abwurf von Ballast angesagt.

Die Evangelien zeigen, dass Jesus sich weder von eigenen Wün-schen noch von denen seiner Jünger oder anderer wohlmeinender Menschen zu einem gestressten Menschen machen ließ. Zu Be-ginn seiner öffentlichen Wirksamkeit spielte sich folgende Szene ab. Jesus hatte sich am Morgen in die Einsamkeit zurückgezogen, um zu beten. Petrus war ihm gefolgt, um ihn zu suchen, weil ihre Unterkunft (es war das Haus des Petrus) bereits in der Frühe von Kranken umlagert war: „Jedermann sucht dich." Jesus jedoch lehnte es ab, zurückzukommen: „Lasst uns anderswohin gehen, in die nächsten Orte, dass ich auch dort predige; denn dazu bin ich gekommen" (Markus 1,38). Auch Jesu Mitarbeiterinnen und Mitarbeiter sollten ihrer Berufung treu bleiben und sich nicht in dem Vielerlei an Möglichkeiten verzetteln, sich zu engagieren. Das Ziel sollte sein, wie Jesus Mann bzw. Frau eines Gedankens zu werden.

Umgang mit Misserfolg

Mitarbeiter und Mitarbeiterinnen Jesu müssen in der Seelsorge mit Misserfolg rechnen. Schonungslos-realistisch weist Jesus sie darauf hin, dass einzelne Menschen, auch Familien, ja ganze Gesellschaften ihre Botschaft ablehnen werden. Dabei fällt auf, dass er die Ursachen für den Misserfolg nicht bei seinen Mitarbeitern sucht. Wenn Menschen sich dem Evangelium verweigern, ist das nicht die Schuld der Mitarbeiter! Im Gleichnis vom Sämann entfaltet Jesus diesen Gedanken näher: Es gibt Menschen, denen der Teufel das Evangelium – kaum gehört – wieder aus dem Herzen nimmt; andere sind zu oberflächlich, um dabeizubleiben; wieder andere lassen sich durch irdische Sorgen und Wünsche vom Evangelium abbringen (Matthäus 13,1-9). Dass Jesus die Ursache für den Misserfolg des Evangeliums nicht bei seinen Mitarbeitern sucht, kann gerade engagierte Christen entlasten: „Es liegt nicht an euch, wenn euer Zeugnis von Jesus Christus nicht bei den Menschen ankommt! Ihr braucht euch nicht mit Selbstvorwürfen kaputt zu machen!"

Wie sollen die Mitarbeiterinnen und Mitarbeiter Jesu stattdessen mit solchen Misserfolgen umgehen? Zuallererst sollen sie wissen, dass der Friede, den sie einem Hause gebracht haben, wieder zu ihnen zurückkehren wird. Was meint Jesus mit dieser Aussage, die in Wahrheit eine Verheißung ist? Der Misserfolg braucht nicht an ihnen zu nagen, braucht sie nicht zu zermürben und innerlich zu zerstören. Sie können Menschen, die sie eine Weile seelsorglich begleitet haben, wieder freigeben. Jesus versichert ihnen, dass die Ablehnung des Evangeliums durch einzelne Menschen oder ganze

Gesellschaften nichts an dessen Wahrheit ändert: „Auch den Staub aus eurer Stadt, der sich an unsre Füße gehängt hat, schütteln wir ab auf euch. Doch das sollt ihr wissen: Das Reich Gottes ist nahe herbeigekommen" (V. 11).

Kirche und Theologie stehen heute in Gefahr, angesichts stetig zurückgehender Kirchenmitgliedszahlen und zunehmender gesellschaftlicher Bedeutungslosigkeit die *Basics* des Glaubens und der christlichen Ethik zur Disposition zu stellen. Psychologisch ist das leicht nachvollziehbar: Jeder Mensch, auch jede Gruppe, will von anderen anerkannt sein. Es ist schwer, auf Dauer eine Minderheitenposition zu vertreten, Ablehnung und Widerstand zu ertragen. Erst recht gilt das in einer erfolgsorientierten Gesellschaft. Als Seelsorgerinnen und Seelsorger sollten wir uns gerade heute daran erinnern lassen: Die Wahrheit des Evangeliums, dass Gott selbst in seinem Sohn Jesus in die Welt gekommen ist, um für uns zu leiden und zu sterben und uns Anteil an seinem göttlichen Leben zu geben, bleibt unverbrüchlich.

Diese Gewissheit verleiht innere Unabhängigkeit. Gleichzeitig bewahrt sie vor fundamentalistischer Selbstabschließung. Christen brauchen die Fenster nicht zuzumachen, die Rollläden nicht herunterzulassen und sich nicht trotzig in ein vermeintlich sicheres christliches Getto zurückzuziehen! Jesus ruft Menschen auf den schmalen Weg der Nachfolge. Der sollte nicht mit dem engen verwechselt werden! Der enge Weg unterscheidet sich vom schmalen dadurch, dass er von hohen Mauern begrenzt ist. Die Mauern des engen Weges bewahren Menschen zwar davor, vom Weg abzukommen, verhindern aber gleichzeitig, dass andere von außen auf ihn gelangen können. Christen sollten nicht im Getto leben!

Eine letzte Beobachtung zum Umgang mit Misserfolg. Es fällt auf, dass nicht die Mitarbeitenden, sondern Jesus Christus selbst den betroffenen Städten und Gesellschaften das Gericht ankündigt. Das Evangelium ist und bleibt eine Frohbotschaft und darf nicht unter der Hand zu einer Drohbotschaft umgemünzt werden.

Die Aufgabe der Mitarbeiter Jesu besteht darin, auch inmitten von Misserfolgen einzelne Menschen, Familien, Städte und ganze Gesellschaften unentwegt zur Umkehr und in die Nachfolge einzuladen.

Zum Tröstlichsten für Seelsorgerinnen und Seelsorger gehört schließlich die folgende Aussage Jesu: „Ich sah den Satan vom Himmel fallen wie einen Blitz" (V. 18). Plötzlich, wie der Blitz, ist der Teufel durch das Kommen Jesu aus dem Himmel gestürzt und seiner Macht beraubt worden. Bis dahin war er Verkläger der Menschen vor Gott. Das ist nun vorbei. Nicht mehr der Verkläger der Menschen, sondern Jesus, der Fürsprecher, sitzt zur Rechten Gottes und vertritt seine Mitarbeiterinnen und Mitarbeiter.

Maria, die erste Zeugin der Auferstehung Jesu: seelsorglich leben unter dem geöffneten Himmel (Johannes 20,11-18)

Die erste Zeugin der Auferstehung

Die erste Zeugin der Auferstehung Jesu war eine Frau: Maria aus Magdala. Eine für die Antike äußerst ungewöhnliche Zeugin. Da Frauen vor Gericht nur bedingt als rechtsfähig galten, besaß ihre Aussage in einem Verfahren keine Beweiskraft. Dazu kam, dass es sich bei Maria Magdalena um eine anrüchige Frau handelte: Sie hat bis zu ihrer Begegnung mit Jesus als Prostituierte gearbeitet. Zudem scheint sie okkult belastet gewesen zu sein. Ausgerechnet sie wird in den Evangelien übereinstimmend als erste Zeugin des auferstandenen Jesus genannt. Ihr Zeugnis stellte geradezu eine Belastung für die Wahrheit der Auferstehungsbotschaft dar. So etwas kann sich niemand ausgedacht haben.

Maria Magdalena hat zu allen Zeiten die Fantasie der Menschen – vor allem der Männer – beschäftigt. In dem bekannten Musical „Jesus Christ Superstar" hat sie ein Verhältnis mit Jesus. Vor einigen Jahren habe ich mir in Leipzig den Kinofilm „Der Da

Vinci Code" nach dem Roman „Sakrileg" von Dan Brown angeschaut. Er versucht zu beweisen, dass Jesus und Maria sogar eine
gemeinsame Tochter besaßen. Beim Hinausgehen aus dem Kino
hörte ich, wie vor mir ein junger Mann zu seiner Partnerin in brei-
testem Sächsisch sagte: „Das habe ich mir immer schon gedacht,
dass der Jesus eine Frau hatte!" Nach den biblischen Aussagen hatte
Maria Magdalena tatsächlich eine besonders enge Beziehung zu Jesus – nicht mehr und nicht weniger. Verständlich, wenn wir bedenken, dass er der erste Mann war, der ihr mit Respekt begegnete und
ihr einen Neuanfang im Leben ermöglichte.

Wie schildert das Johannesevangelium die Begegnung Marias
mit dem Auferstandenen? Es ist noch früh am Morgen des ersten Tages der Woche. Maria Magdalena hat nach den Feiertagen –
wohl zusammen mit anderen Frauen aus der Umgebung Jesu –, „als
es noch finster war" (V. 1), die erste Möglichkeit genutzt, um nach
dem Leichnam Jesu zu sehen. Doch der Leichnam ist weg. Voller
Verzweiflung läuft sie zu Petrus und berichtet ihm: „Sie haben den
Herrn weggenommen aus dem Grab, und wir wissen nicht, wo sie
ihn hingelegt haben" (V. 2b). Inzwischen steht sie wieder vor dem
Grab. Maria weint. Sie ist völlig gefangen in ihrer Trauer: Offensichtlich kann sie gar nicht aufhören zu weinen. Zu dem Schmerz
über den Tod Jesu ist noch die Trauer darüber gekommen, dass der
Leichnam Jesu aus dem Grab verschwunden ist. Das leere Grab ist
für Maria alles andere als ein Hoffnungszeichen. Vielmehr steigert
es ihre Trauer bis aufs Höchste. Nun hat sie nicht einmal mehr die
Möglichkeit, ihrem geliebten Herrn mit wohlriechenden Salben
und Spezereien den letzten Liebesdienst zu erweisen.

Dann überschlagen sich die Ereignisse: Irgendwie schafft Maria
es, trotz aller inneren Widerstände erneut ins leere Grab zu schau-
en. Darin sieht sie zwei Engel in weißen Gewändern sitzen. Nüchtern fragen sie nach dem Grund ihrer Trauer. Maria nennt ein weiteres Mal, gefangen in ihrer Trauer, die Ursache ihres Weinens: „Sie
haben meinen Herrn weggenommen, und ich weiß nicht, wo sie
ihn hingelegt haben" (V. 13). Und dann wendet sie sich instinktiv

um – sie hat gespürt, dass jemand hinter sie getreten ist. Es ist Jesus – aber wie alle anderen Zeuginnen und Zeugen des Auferstandenen auch erkennt Maria ihn zunächst nicht. Zwischen dem vermeintlichen Friedhofsgärtner und ihr kommt es zu einem denkwürdigen Gespräch. Wie schon die Engel fragt auch Jesus Maria nach dem Grund ihres Weinens und will wissen, wen sie sucht. Stereotyp wiederholt sie ihre Frage, ob er den Leichnam des Verstorbenen weggetragen hat.

In diesem Moment erreicht die Geschichte ihren Höhepunkt. Jesus spricht seine Jüngerin mit ihrem Namen an: „Maria!" Im griechischen Urtext heißt es an dieser Stelle wörtlich übersetzt, dass sie daraufhin zu ihm hinstürzt und ihm auf Hebräisch antwortet: „Rabbuni!" – wörtlich: „mein Lehrer". Maria hat an der Anrede erkannt, dass der Gärtner niemand anderes ist als Jesus selber. Endlich, endlich hat sie ihn wiedergefunden. Die folgenden Worte Jesu gehören zu den am schwersten verständlichen Versen des Neuen Testaments. „Spricht Jesus zu ihr: Rühre mich nicht an! Denn ich bin noch nicht aufgefahren zum Vater" (V. 17). Schwer verständlich sind sie deshalb, weil in den anderen Berichten von der Begegnung mit dem Auferstandenen das Berühren eine wichtige Rolle spielt. So fordert Jesus wenige Verse nach unserer Geschichte den ungläubigen Thomas ausdrücklich auf, seine Wunden zu betasten.

Die Fortsetzung des Gesprächs zwischen Jesus und Maria Magdalena ist dagegen klar verständlich. Sie soll den anderen Jüngern berichten, dass er sich anschickt, zu seinem himmlischen Vater zurückzukehren. In diesen Sätzen ist jedes einzelne Wort von Bedeutung. Erstmals nennt Jesus hier seine Jünger Brüder. Durch seinen Tod und seine Auferstehung sind sie zu Miterben seines ewigen Lebens geworden. Gott ist damit endgültig auch ihr Vater geworden. Die Jünger und Jüngerinnen werden auf diese Weise mit hineingenommen in das besondere Verhältnis zwischen Jesus und Gott, das von Intimität und Nähe, von bedingungslosem Vertrauen, Hingabe und Gehorsam geprägt ist.

Bemerkenswert ist schließlich auch das Ende der Geschichte: Maria tut, was Jesus ihr aufgetragen hat, und bricht sofort zu den anderen Jüngern auf. Kein Wort davon, dass sie bei Jesus bleiben wollte, keine Rede davon, dass sie sich an ihn geklammert hat. Sie berichtet den anderen Jüngern von ihrer Begegnung mit dem Auferstandenen und richtet dessen Botschaft an sie aus.

Konsequenzen

Wenn die Auferstehung Jesu das einzig Neue in der Weltgeschichte ist, wie Kierkegaard sagte, hat die Begegnung Maria Magdalenas mit dem Auferstandenen auch für die heutige Seelsorge Konsequenzen. Zunächst: Ganz egal, wie viel oder wie wenig Glauben ein Mensch hat, der Auferstandene kommt zu ihm und überwindet seinen Unglauben. Jesus Christus tritt ihm in den Weg, sogar dann, wenn er, wie Maria Magdalena, den Glauben verloren hat. So schwer verständlich und so unglaublich die Botschaft von der Auferstehung ihm erscheinen mag: Der Auferstandene selbst überwindet seine Vorbehalte. Er baut ihm Brücken des Verstehens, dass er Schritt für Schritt lernt, der Botschaft zu vertrauen. Außerdem zeigt die Geschichte von Maria Magdalena – genau wie die anderen Auferstehungsberichte: Der Auferstandene hält es bei den Menschen aus, auch wenn sie durch Unglauben in Verzweiflung und Traurigkeit versinken, und tröstet sie: „Frau, was weinst du? Wen suchst du?" (V. 15).

Schließlich – und das ist das Wichtigste – gibt die Botschaft von der Auferstehung Jesu dem Leben einen ewigen, über das Leben in dieser Welt hinausgehenden Sinn. Dabei ist das Auferstehungsleben nicht einfach die ewige Fortsetzung des bisherigen irdischen Lebens. Auferstehung bedeutet nicht Wiederbelebung, sondern Verwandlung, und zwar grundlegend. Der auferstandene Jesus Christus besitzt einen verwandelten Leib. Darum ist er zugleich Erscheinung und sinnenfällige Wirklichkeit.[40] Einerseits erkennt Maria Magdalena ihn zunächst nicht und meint, er sei der Gärtner.

Sogar unmittelbar vor seiner Himmelfahrt heißt es noch, dass etliche der Jünger Jesu zweifelten, ob er es wirklich ist (Matthäus 28). Andererseits redet Jesus Maria Magdalena mit ihrem Namen an und spricht mit ihr. Von anderen Jüngern lässt er sich sogar berühren und isst mit ihnen (Lukas 24,36-43). Er ist kein Geist! Der Auferstehungsleib, so schreibt der Apostel Paulus in 1. Korinther 15, ist ein *soma pneumatikon*, ein Geistleib. Für griechische Ohren eine Unmöglichkeit. Denn die Griechen erwarteten die Glückseligkeit nach dem Tod gerade aufgrund der Befreiung der Seele aus dem Kerker des Leibes.

Nach christlichem Verständnis wird in der Auferstehung der alte Leib wieder jung, wird krankes Leben gesund und wird beschädigtes Leben wieder heil. Alles im Leben Versäumte wird wiedergebracht. Jede zerbrochene Beziehung wird erneuert. Jede Verletzung und Krankheit des Leibes und der Seele hat daher ihren Sinn. Was für eine wunderbare Aussicht! Schwer vorstellbar, ohne diese Hoffnung Seelsorger zu sein. Unter dem geöffneten Himmel wird es möglich, trotz aller gegenwärtigen Unsicherheiten und Ängste die Herausforderungen des Lebens getröstet anzugehen. Der auferstandene Jesus eröffnet einen hoffnungsvollen Horizont. „Werdet dem Himmel treu, meine Brüder und Schwestern", sollten wir heute in Umkehrung des berühmten Nietzsche-Satzes sagen.[41] Wo das Ziel klar ist, wird der Weg leicht. Wo die Straße jedoch ins Nichts zu verlaufen scheint, verlieren wir die Kraft zu gehen.

Auch wenn das Leben fragmentarisch bleibt – wenn sich Beziehungs-, Berufs- und Karrierewünsche nicht erfüllen –, kann jeder darauf vertrauen, dass Gott am Ende etwas Schönes aus seinem Leben machen wird.

Damit diese Hoffnung nicht zur Vertröstung wird, hat die Seelsorge angesichts von schwerem, ja unüberwindbarem Leid die Aufgabe, Menschen zu begleiten, einen Weg mit ihnen zu gehen, der häufig lang ist. Erst am Ende dieses Weges werden, wenn es gut geht, die Aussöhnung mit der Realität und die Annahme von unüberwindbarem Leiden mit dem Blick auf das ewige Leben bei

Gott stehen. Die Seelsorge muss dem Protest gegen Gott einen Raum eröffnen, Leidende zur Klage, wenn nötig sogar zur Anklage ermutigen. Klage und Protest dürfen weder aufgrund gesellschaftlicher Konventionen („lerne leiden, ohne zu klagen") noch aufgrund traditionell christlichen Denkens (Gott ist fraglos freundlich und gnädig) unter Verschluss gehalten werden.[42] Klage und Protest sind sowohl im Alten als auch im Neuen Testament integraler Bestandteil der gelingenden Beziehung zu Gott. Der frühere Heidelberger Alttestamentler Claus Westermann schreibt:

> *Es gibt im Alten Testament nicht einen einzigen Satz, der dem Menschen die Klage verwehrte oder der zum Ausdruck brächte, daß die Klage im rechten, heilen Gottesverhältnis keinen Raum hätte. Aber auch im Neuen Testament wüßte ich keinen Zusammenhang, der dem Christen die Klage verwehrte oder der zum Ausdruck brächte, daß der Glaube an Christus die Klage aus dem Gottesverhältnis ausschlösse.*[43]

Ja, mehr noch: Klage und Protest können – nicht weniger als das wunderhafte Eingreifen des Geistes Gottes – zum Weg werden, auf dem von Leid betroffene Menschen eine neue und tiefere Beziehung zu Gott finden.

Der theologische Grund dafür, dass alles menschliche Leiden in der Seelsorge unzensiert zur Sprache kommen darf, liegt darin, dass im Leiden und Sterben Jesu Christi Gott selbst gelitten hat. Leid und Anfechtung sind Gott seitdem nicht mehr fremd – im Gegenteil: Er kennt sie selber. Und das ist noch nicht alles: Jesus hat nicht nur Mitleid mit uns und ist jedem Leidenden nahe. Er hat zusammen mit der Sünde auch Krankheit und Schmerzen der Menschheit am Kreuz getragen und dadurch geheilt (Jesaja 53,4f). Auch der Auferstandene trägt weiterhin die Wundmale, wie die Evangelienberichte und die Offenbarung zeigen.

Dass die Seelsorge einen Raum zu Klage und Protest eröffnen

darf, zeigt neben den Klagepsalmen am eindrucksvollsten die alttestamentliche Gestalt des Hiob. Er muss erleben, wie ihm in kürzester Zeit sein ganzer Besitz, all seine Kinder und schließlich auch seine eigene Gesundheit genommen werden. Hiobs fürchterliches Leiden presst einen ebenso fürchterlichen Protest aus ihm heraus: Er klagt Gott an, ihm zum Feind geworden zu sein (Hiob 16,9). Dadurch wird Hiob zum Rebell Gottes. Paradoxerweise ist gerade sein Protest von der Hoffnung getragen, dass sein „Erlöser lebt" (Hiob 19,25). Hiob appelliert gegen den sichtbaren grausamen Gott an den geglaubten barmherzigen Gott. Indem Hiob in seinem Protest den Riss offenhält, der durch sein Leben geht, kann dieser Riss zum Spalt werden, durch den Trost und Hoffnung aus Gottes Welt in sein Leben kommen.

Petrus und der Auferstandene am See Genezareth: Ein Versager erfährt die Seelsorge Jesu (Johannes 21,1-19)

Was für ein Morgen! Was für eine Geschichte dort in der Morgensonne am See Genezareth vor bald 2000 Jahren! Und trotz ihres Alters ist sie so taufrisch, dass sie uns bis heute unmittelbar anspricht. Eine Geschichte vom Wiedersehen, vom Glück und vom Schmerz einer Begegnung. Eine Geschichte, die zeigt, wie Jesus mit seinen Mitarbeitern umgeht, mit Menschen, die ihm besonders nahestehen. Eine Geschichte, die uns nochmals einen Einblick in die Seelsorge Jesu an seinen Nachfolgern und Nachfolgerinnen gewährt.

1. Im Mittelpunkt der Geschichte steht Petrus: der Sprecher der Jünger Jesu. Ein Mensch mit großer Begeisterungsfähigkeit und vorschnellem, unüberlegtem Mundwerk, mit Hochmut und Versagen, mit offenem Bekenntnis und schnellem Rückzug. Ein Mensch, der zum Zeitpunkt unserer Geschichte bereits einen längeren Weg mit Jesus hinter sich hat. Drei wichtige Stationen seines Lebens machen etwas von seiner Persönlichkeit deutlich:

Die erste wird in Lukas 5,1-11 berichtet: „Der Fischzug des Petrus". Auch hier lag eine vergeblich durchfischte Nacht hinter ihm – totaler Misserfolg. Jesus hat ihn danach aufgefordert, es bei hellem Tageslicht noch einmal zu versuchen. Die Folge: ein überwältigender Fischfang. Petrus reagierte auf Jesus daraufhin so: „Herr, geh weg von mir! Ich bin ein sündiger Mensch" (V. 8). Petrus war etwas aufgegangen von der Besonderheit dieses Jesus von Nazareth. Ein Mensch und Bruder – aber doch ganz anders. Er hatte erkannt, dass ein besonderer Glanz auf dem Leben dieses Mannes lag. Und Jesus hatte Petrus unmittelbar in seine Nachfolge gerufen: „Fürchte dich nicht! Von nun an wirst du Menschen fangen" (V. 10).

Die zweite Station aus dem Leben des Petrus in der Nachfolge Jesu wird in Matthäus 16,13-20 und den Parallelen bei Markus und Lukas berichtet. Es handelt sich dabei um das berühmte Petrusbekenntnis von Caesarea Philippi. In der Einsamkeit der Jordanquellen stellt Jesus seinen Jüngern die Vertrauensfrage. Stellvertretend für die anderen bekennt sich Petrus zur Messianität Jesu: „Du bist der Christus, des lebendigen Gottes Sohn!" Jesus macht ihn daraufhin zum Leiter seiner Gemeinde. Als solchem wird ihm – stellvertretend für alle Jünger (vgl. Matthäus 18,18) – das Evangelium von der Vergebung der Sünden anvertraut. „Ich will dir die Schlüssel des Himmelreichs geben: Was du auf Erden binden wirst, soll auch im Himmel gebunden sein, und was du auf Erden lösen wirst, soll auch im Himmel gelöst sein" (Matthäus 16,19).

Nach diesem Bekenntnis der Jünger zum Messiassein Jesu tritt dessen Weg in die entscheidende Phase ein: Es beginnt die Passion. Jesus hat an dem Bekenntnis des Petrus erkannt, dass die Jünger bereit sind, seine Botschaft auch nach seinem Tod weiterzutragen.

Die dritte und letzte Station des Petrus auf dem Weg zu unserer Geschichte stellt seine Sendung und die der übrigen Jünger radikal infrage: Petrus verleugnet Jesus am Gründonnerstagabend und dadurch ist der erwählte Leiter der zukünftigen Gemeinde gescheitert, noch bevor er sein Amt angetreten hat. In Matthäus 26,75 lesen wir: „Da dachte Petrus an das Wort, das Jesus gesagt hatte: Ehe der Hahn kräht, wirst du mich dreimal verleugnen. Und er ging hinaus und weinte bitterlich." Tränen der Schmach und der Reue stehen am Ende der Gemeinschaft mit dem irdischen Jesus von Nazareth.

Zwischen der Verleugnung des Petrus und dem Verrat des Judas besteht kein Unterschied. Beide sind an der entscheidenden Bewährungsprobe auf ihrem Weg mit Jesus gescheitert. Allerdings besteht ein riesengroßer Unterschied, was ihre Reaktion betrifft, als sie ihr Versagen erkennen. Judas geht zu den jüdischen Ältesten, um seine Schuld selbst wieder in Ordnung zu bringen. Als er sieht, dass das nicht möglich ist, erhängt er sich. Auch Petrus verschwindet zunächst in der Finsternis – besinnungslos vor Schmerz. Ein Mensch, der mit seinen Idealen gescheitert ist. Ein Mensch also wie du und ich.

Aber er bleibt nicht allein, sondern hält sich auch weiterhin zu den anderen Jüngern. So hat er zusammen mit ihnen die Chance, dem auferstandenen Meister zu begegnen und noch einmal neu anzufangen.

2. Anscheinend hat Jesus vor unserer Geschichte noch nicht mit Petrus über dessen Verleugnung gesprochen. Johannes 21 ermöglicht es darum, zu beobachten, wie Jesus mit Petrus, dem Verleugner und Versager, umgegangen ist. Als Erstes fällt auf, dass Jesus Petrus in seinem Berufsalltag aufsucht. Nach der Kreuzigung Jesu in Jerusalem muss Petrus sich gesagt haben: „Was soll's? Ich gehe fischen!" Seine Wünsche und Sehnsüchte, seine Hoffnungen sind ihm abhandengekommen. Auch seine Glanzzeiten sind vergessen. Er ist zusammen mit den anderen Jüngern in seinen normalen Berufsalltag zurückgekehrt. Mitten in ihrem Alltag geschieht das Überraschende: Jesus sucht sie auf – nicht in der Kirche beim Gottesdienst, sondern mitten im Berufsalltag kommt er zu ihnen. Wenn Jesus einem Men-

schen begegnet, dann tut er das, wie und wann er will. Häufig gerade an dem Ort und zu dem Zeitpunkt, wo wir es nicht erwarten. Als Herr unseres ganzen Lebens kann er uns überall begegnen, in jedem Menschen und in jedem Gedanken, den wir haben.

3. Bemerkenswert ist weiter, dass Jesus seinen Jüngern gerade im Moment des beruflichen Misserfolgs begegnet: nach einer Nacht vergeblichen Fischens. Seitdem haben viele Menschen die gleiche Erfahrung wie Petrus und die anderen Jünger gemacht: Nicht im Moment des Erfolgs oder großen persönlichen Glücks ist Gott uns am nächsten. Im Gegenteil, in solchen Situationen geschieht es nur zu leicht, dass wir Gott vergessen, weil wir meinen, auch ohne ihn ganz gut durchs Leben zu kommen. Wie leicht werden dann das Gebet und das persönliche Bibellesen zur Routine und der Gottesdienstbesuch zur toten Pflicht! Ganz anders, wenn es mit Beruf, Partnerschaft oder Gesundheit nicht so gut geht. Das ist Gottes große Chance – und vor allem unsere eigene.

Seelsorgerinnen und Seelsorger haben in dieser Situation die Aufgabe, zuzuhören, einen Raum der Klage zu eröffnen – und sich vor Beschwichtigungsversuchen und Ratschlägen zu hüten. Erst im Laufe der Zeit, im Rahmen eines gemeinsamen Weges, besteht die Chance, dass sich Seelsorgesuchende auf Gottes Möglichkeiten besinnen. Dann fangen sie vielleicht wieder an zu beten und die Bibel zu lesen, um aus ihr Kraft zur Bewältigung der Schwierigkeiten zu schöpfen. Dann kann es zu der Erfahrung kommen, dass Gott mit ihnen zu reden beginnt. Vorher war es auch meist zu laut, als dass sie seine leise Stimme hätten hören können. Schon im Alten Testament wird von Gott gesagt: „So spricht der Hohe und Erhabene, der ewig wohnt, dessen Name heilig ist: Ich wohne in der Höhe und im Heiligtum und bei denen, die zerschlagenen und demütigen Geistes sind, auf dass ich erquicke den Geist der Gedemütigten und das Herz der Zerschlagenen" (Jesaja 57,15). Martin

Luther war der Überzeugung, dass Anfechtungen und Nöte der beste Weg sind, glauben zu lernen, weil Gott in ihnen dem Menschen besonders nahekommt:

Siehe, Er steht hinter der Wand und sieht durch die Fenster. Das ist so viel wie: Unter den Leiden, die uns gleich von Ihm scheiden wie eine Wand, ja eine Mauer, steht Er verborgen und sieht doch auf mich und lässt mich nicht. Denn Er steht und ist bereit zu helfen in Gnaden und durch die Fenster des dunklen Glaubens lässt Er sich sehen.[44]

So war es jedenfalls auch bei den Jüngern Jesu: Als sie erfolglos vom nächtlichen Fischfang morgens an den Strand zurückkehren, sind sie völlig deprimiert. Auf das Wort eines Fremden hin fahren sie noch einmal hinaus und werfen ihre Netze aus. Sie haben den auferstandenen Jesus am Ufer zu diesem Zeitpunkt ja noch nicht erkannt! Ohne große Diskussionen folgen sie seinem Rat – obwohl sie aufgrund langjähriger Berufserfahrung wissen, dass bei Tageslicht nichts mehr zu fangen ist. Dadurch erleben sie ein Wunder: Das Netz wird so voll, dass sie es von der Menge der Fische kaum zu ziehen vermögen.

4. Und nun wird es spannend: Der Jünger, den Jesus lieb hatte – der Evangelist Johannes spricht hier von sich selbst in demütiger Zurückhaltung in der 3. Person –, erkennt an dem unerwarteten Erfolg des Fischfangs, dass der Fremde am Ufer des Sees Jesus selbst ist. Er sieht mit den Augen des Freundes besser als die anderen Jünger. Die Augen der Freundschaft, ja der Liebe, sind in der Nachfolge Jesu von großer Wichtigkeit. In Psalm 32,8 wird ein schönes Bild der Nähe Gottes zum Menschen entfaltet: „Ich will dich mit meinen Augen leiten." Nur wenn wir einem Menschen ganz nahe sind, können wir die Sprache seiner Augen verstehen. So auch bei Gott: Nur wenn wir ihm nahe sind, kann er uns mit seinen Augen leiten.

5. Jetzt steht plötzlich wieder der alte Petrus vor uns. Als er hört, dass Jesus am Ufer wartet, zieht er sich an und wirft sich ins Wasser. Ohne Rücksicht auf Verluste – so ist er, wenn es um Jesus geht. Das Feuer seiner Hingabe an Jesus ist in Petrus nicht erloschen, auch durch die tiefe Ernüchterung nicht, die seine Verleugnung ihm bereitet hat.

Leider hat sich in unserer konsumorientierten Erlebnis- und Spaßgesellschaft der Wohlstand wie ein Fettring um die Herzen gelegt, dass wir kaum noch zu wirklich großen Gefühlen – weder für Gott noch für Menschen fähig sind. Für was brennen wir? Jeder kann das ganz leicht herausbekommen, indem er einmal darauf achtet, was ihn am Abend vor dem Einschlafen zuletzt und am Morgen beim Aufwachen zuerst beschäftigt.

Es gibt deshalb nicht allzu viele Menschen, die wie Petrus heute dieses Feuer der brennenden Hingabe an Gott haben. Nicht viele sind bereit, etwas für ihn zu wagen, was die Schranken des bürgerlichen Lebens sprengt. Vielleicht am ehesten Jugendliche, die begeisterungsfähig sind. Über August Hermann Francke, einen der großen Pädagogen und Theologen des 18. Jahrhunderts, schrieb dessen väterlicher Freund Philipp Jakob Spener, der damals Oberhofprediger in Dresden war, dass er *totus pietate ardens* sei[45] – „ganz vor Hingabe brennend".

6. Das Johannesevangelium berichtet nicht, wie die allererste persönliche Begegnung zwischen Petrus und Jesus am Ufer des Sees verlief. Eine feine Zurückhaltung bleibt gewahrt. So gibt es auch Begegnungen mit Jesus in unserem Leben, die wir nicht leichtfertig ausplaudern sollten. Zu leicht verlieren Glaubenserfahrungen ihren Glanz, wenn sie dem grellen Licht der Öffentlichkeit preisgegeben werden. Jesus warnt in der Bergpredigt ausdrücklich davor, Perlen vor die Säue zu werfen (Matthäus 7,6). Unsere seelsorgliche Kraft und Vollmacht hängen davon ab, inwieweit wir aus der Stille heraus, aus dem Glauben an Jesus Christus, aus der persönlichen Verbindung

mit ihm leben. Die Stille vor Gott sollten wir uns von nichts und niemandem nehmen lassen.

Auf der anderen Seite kommt es für Seelsorgerinnen und Seelsorger genauso darauf an, den richtigen Zeitpunkt, den Kairos, zu finden, an dem es im Gespräch mit dem Seelsorgesuchenden sinnvoll ist, eine geistliche Perspektive einzubringen. Wenn es noch nicht so weit ist, spricht der Seelsorger besser über Alltäglichkeiten, um beim Gesprächspartner keine Aversionen gegen religiöse Dinge zu wecken. Graf Zinzendorf sagte:

> *Dazu müssen sie [=die Seelsorger] sich des Heiligen Geistes reiche Gnade ausbitten, daß sie keine Fehlschlüsse tun und soviel möglich mit Ohren reden, die hören, und, wo sie mit Leuten reden, da es schon zweifelhaft ist, ob sie Ohren haben, es auf eine so unschädliche Weise tun, daß sie die Leute nicht mit ihrem Herrn kompromittieren, woraus schädliche Folgen kommen.*[46]

An anderer Stelle formuliert Zinzendorf anschaulich:

> *Man tut besser, man redet mit den Leuten von der Kaiserwahl und anderen Sachen, wenn sie nicht präpariert sind. Man macht den Schaden, wenn man ihnen zur Unzeit den Heiland predigt, daß das Wort nachgehens auch zur rechten Zeit nicht Eingang finden kann.*[47]

Fromme Worte, zur Unzeit in der Seelsorge geäußert, führen leicht zur Immunisierung des Seelsorgesuchenden gegenüber dem Glauben.

7. Dann sehen wir, mit welcher Warmherzigkeit Jesus seinen Jüngern am Strand begegnet. Nach der anstrengenden Nachtarbeit hat er für sie ein Frühstück vorbereitet. Es gibt getoastetes Brot. Zusätzlich zu den bereits gebratenen Fischen lässt Jesus sich

von den frisch gefangenen bringen. Und dann bedient er sie. Jesus ist auch nach seiner Auferstehung der den Menschen aus freier, völlig unbegreiflicher Liebe dienende Sohn Gottes. Ehe Gott irgendetwas von seinen Mitarbeitern verlangt, ehe er einen Auftrag erteilt, tut er erst einmal etwas für sie, was sie sich nicht selbst tun können. Hier zeigt Jesus seinen Jüngern: Ich bin euer Ernährer, ich sorge für euch. Als Auferstandener erst recht! Er sorgt für sie mit dem Alltäglichen, mit dem, was sie jetzt brauchen. Dann sitzen alle zusammen, sind satt und froh, dass der Herr wieder da ist.

Auch uns deckt Jesus den Tisch, jeden Tag neu. Darum heißt es in dem bekannten Tischgebet zu Recht: „Komm, Herr Jesu, sei du unser Gast und segne, was du uns bescheret hast." Nur wer Gottes Liebe im eigenen Leben erfahren hat, kann sie glaubwürdig bezeugen und an andere Menschen weitergeben. Nur wenn wir selbst die Hilfe Gottes erlebt haben, werden wir diese in der Seelsorge anderen zusprechen können. Der bekannte Hamburger Theologe Helmut Thielicke fragte einmal Werbemanager, wieso die Verkündigung der Kirche heute auf so wenig Resonanz stoße. Spontan habe einer von ihnen geantwortet: Die Pfarrer nehmen das, was sie verkündigen, selbst zu wenig in Anspruch. Man könne nicht in jeder Predigt ein Leben aus der Kraft Gottes anpreisen, wenn man selbst diese niemals in Anspruch nähme und stattdessen aus eigener Kraft sich schlecht und recht durchs Leben schlagen würde. Was wir anpreisen, nimmt man uns nur dann ab, wenn wir es selbst benutzen. Die Glaubwürdigkeit eines Christen hängt daran, ob er selbst erfährt, wovon er spricht.[48]

8. Welche Gedanken mögen Petrus während des Frühstücks am See Genezareth durch den Kopf gegangen sein? Wahrscheinlich hat er über seinen bisherigen Weg mit Jesus nachgedacht. Und da wird ihm das Erleben jenes ersten Morgens in Galiläa zusammen mit Jesus wie ein Déjà-vu vor Augen getreten sein: auch damals zu Beginn seiner Bekanntschaft mit Jesus von Na-

zareth ein vergeblicher Fischfang in der Nacht, auch damals Jesus am Ufer, der rät, es am helllichten Tage noch einmal zu versuchen und am Ende die riesige Menge der Fische. Damals hatte Jesus ihn in seine Nachfolge gerufen. Und er ... Er hatte tatsächlich alles verlassen, um fortan Menschenfischer zu werden. Doch was war inzwischen geschehen? In der Stunde der größten Schmach Jesu hatte er ihn im Stich gelassen und versagt. Angesichts seiner Feigheit waren alle vollmundigen Bekenntnisse, bei Jesus auszuharren, als Illusion entlarvt worden. Was konnte Jesus mit einem solchen Jünger noch anfangen? Wir verstehen nur zu gut, wie Petrus zumute gewesen sein wird. Denn es gibt wohl niemanden, der nicht schon selbst Erfahrungen des Scheiterns in der Nachfolge Jesu hinter sich hätte.

Wie reagiert Jesus auf das Versagen von Petrus? Der übergroße Fischfang ist das erste Zeichen: Gott gibt im Überfluss. Jesus sorgt selbst für die Erfüllung seines Auftrags. Es fällt auf, dass er mit Petrus erst dann seine Zukunft anspricht, nachdem sie gegessen haben. Nach einem gemeinsamen Essen sind sie sich wieder nähergekommen. Alle sind zufriedener und aufgeschlossener füreinander. Dann spricht Jesus ihn persönlich an. Und das Unglaubliche, das, was Petrus sich wahrscheinlich in seinen kühnsten Hoffnungen nicht hat träumen lassen, geschieht. Jesus beauftragt ihn erneut, seine Gemeinde zu leiten und für sie zu sorgen. Jesus steht zu seinen Mitarbeitern und hält seinen Leuten die Treue! Dreimal wiederholt Jesus seine Frage und seine Beauftragung: „Hast du mich lieb?" und „Weide meine Schafe!" Petrus, der Choleriker, der spontan, ohne zu überlegen, reagiert, soll über der wichtigsten Frage seines Lebens ins Nachdenken kommen. Dreimal fragt Jesus und weist damit auf die dreimalige Verleugnung hin. Er tut das aber nur indirekt. Petrus wird vor den anderen Jüngern nicht bloßgestellt, sondern wieder in sein Amt eingesetzt.

So handelt Jesus auch an uns. Er will, dass wir ihm mit freiem Willen gehorchen und dienen. Deswegen zwingt er uns zu nichts. Aber er fügt die Umstände in unserem Leben häufig so, dass wir ihm von Herzen zu gehorchen lernen. Auch das andere können wir von Jesus erwarten: Er berührt eine Wunde nie mehr, als es unbedingt nötig ist, um sie zu reinigen, zu verbinden und zu heilen. Gott tut Menschen nicht von Herzen weh. Luther sprach in diesem Zusammenhang von dem fremden Werk Gottes.

9. Noch etwas anderes ist an dem letzten überlieferten Gespräch zwischen Jesus und Petrus bedeutsam. Im Griechischen gibt es verschiedene Worte, um unser Wort „lieben" zum Ausdruck zu bringen. Jesus benutzt zunächst das Wort für die göttliche Liebe (*agapao*): „Liebst du mich" – so fragt er – „mit göttlicher Liebe?" Petrus jedoch antwortet mit dem Wort für freundschaftliche Liebe (*phileo*): „Ich liebe dich mit freundschaftlicher Liebe." Das übertriebene Vertrauen in die eigenen Fähigkeiten ist ihm gründlich vergangen. Als Jesus zum dritten Mal nach der Liebe des Petrus fragt, gebraucht auch er das Wort für die freundschaftliche, die menschliche Liebe und sagt: „Petrus, bist du mein Freund?" Er stellt sich damit auf die gleiche Ebene wie Petrus und zeigt ihm, dass dessen Wille zur Liebe ausreicht.

Jesus hat in diesem Gespräch den entscheidenden Punkt im Charakter des Petrus berührt, aufgedeckt und geheilt: seine Fähigkeit zur Begeisterung und sein Wille zur Liebe und gleichzeitig seine Unfähigkeit zur Liebe und seinen Mangel an Durchhaltevermögen. Es ist etwas sehr Tröstliches: Jesus hat die menschliche Liebe des Petrus widerspruchslos stehen lassen. Sie genügt ihm. Es folgt keine weitere Ermahnung. Das Gespräch zwischen Jesus und Petrus zeigt aber auch: Gott lässt das Versagen von Petrus nicht auf sich beruhen, übersieht nicht alles großzügig. Sondern: Die aufgedeckte, die in ihrer Hässlichkeit und Scheußlichkeit erkannte, die nicht mehr abgestrittene, sondern bereute Sünde wird vergeben.

Petrus hatte sich auf eine neue Gesprächsrunde eingestellt.

Jesus jedoch will keine Liebesbeweise. Er kennt Petrus, er kennt jeden Menschen. Das Spiel von Selbstüberschätzung, schwungvollem Hochmut und Idealismus, Versagen, Verzagtheit und Hoffnungslosigkeit soll nicht weitergehen. Petrus musste in seinem Schwung, in seiner Begeisterung für die neuen Aufgaben, tief getroffen werden. Auch die Selbstüberschätzung jeder heutigen Seelsorgerin und jedes heutigen Seelsorgers muss verletzt werden, damit sie aufhören, sich Gott nach ihren Vorstellungen, Vorlieben und Vorhaben einzurichten. Wo Gott in das Leben eines Menschen tritt, will er, dass dieser anfängt, mit seinen Möglichkeiten zu rechnen. Petrus ist zum Denkmal der Barmherzigkeit Gottes geworden. Er zeigt mit seinem Leben, wie Gott an seinen Mitarbeitern handelt. Petrus soll Menschen zur Nachfolge, zum Vertrauen auf Gott ermutigen. Sie sollen es wie er wagen, ein Leben in der Freundschaft mit Jesus zu führen.

10. Am Schluss unserer Geschichte leuchtet schließlich noch etwas von der Gewissheit auf, dass Gott mit dem Leben jedes Menschen zum Ziel kommen wird. Am Gründonnerstag wollte Petrus aus eigener Begeisterung für Jesus sterben. Wie die Geschichte ausging, wissen wir. Jetzt verheißt Jesus ihm die Erfüllung seines Wunsches – diesmal allerdings nicht aus eigenem Antrieb.

4. Der Raum der Seelsorge Jesu: Konturen

Auch wenn Jesus ein Seelsorger ohne starre Methode war, lassen sich doch klare Konturen erkennen, die sein seelsorgliches Handeln unverwechselbar prägen.

4.1 Entdeckung der Würde des Einzelnen

Am seelsorglichen Verhalten Jesu wird sichtbar: Jeder Mensch hat als Geschöpf Gottes eine unverwechselbare Eigenart und Würde. In seinem seelsorglichen Handeln tritt, was auf dem Hintergrund des antiken Denkens besonders bemerkenswert ist, die Kategorie des Einzelnen in den Vordergrund. Dass für Jesus der Einzelne eine herausragende Bedeutung besitzt, lässt sich an einer Fülle von Texten aus den Evangelien zeigen.

Dazu gehören die beiden Gleichnisse vom verlorenen Schaf und vom verlorenen Groschen in Lukas 15. Besonders das Gleichnis vom verlorenen Schaf zeigt die Intensität, mit der Jesus den einzelnen, aus dem Bund mit Gott herausgefallenen, Menschen sucht. Als guter Hirte lässt er die 99 Schafe in der Wüste allein, um das eine verloren gegangene zu suchen – ein im alltäglichen Leben ganz und gar unverantwortliches Handeln, aber als Stilmittel der klärenden Übertreibung geeignet, um zu dokumentieren, wie wichtig Jesus der Einzelne ist und dass er nicht bereit ist, auch nur einen einzigen Menschen aufzugeben. Das Gleichnis vom verlorenen Groschen hat dasselbe Ziel: die überragende Bedeutung des einzelnen Verlorengegangenen für die Seelsorge zu betonen. Am Ende beider Gleichnisse hebt Jesus ausdrücklich die Übereinstimmung seines seelsorglichen Handelns mit dem Urteil der himmlischen Welt hervor: „So sage ich euch, ist Freude vor den Engeln Gottes über einen Sünder, der Buße tut" (Lukas 15,10; vgl. auch V. 7). Die Engel im Himmel feiern eine Party, wenn auch nur ein einziger Mensch umkehrt.

An vielen Stellen in den Evangelien wird sichtbar, dass Jesus sich jeweils dem einzelnen Hilfsbedürftigen seelsorglich zugewendet hat. Im Folgenden sollen exemplarisch einige markante Begegnungen angeführt werden. In Markus 5,24b-34 wird die Heilung der blutflüssigen Frau berichtet: „Und Jesus spürte sogleich an sich selbst, dass eine Kraft von ihm ausgegangen war, wandte sich um in der Menge und sprach: Wer hat meine Kleider berührt? Und seine Jünger sprachen zu ihm: Du siehst, dass dich die Menge umdrängt, und sprichst: Wer hat mich berührt? Und er sah sich um nach der, die das getan hatte" (V. 30-32).

Diese Geschichte mutet magisch-fetischistisch an. Wichtig ist sie in unserem Zusammenhang deshalb, weil sie zeigt, dass Jesus sich über die Abwehr seiner Jünger hinwegsetzt und nach der *einen* Person sucht, die – inmitten der Menge verborgen – mit ihm Kontakt aufgenommen hat.

Auch die mit der Geschichte von der Heilung der blutflüssigen Frau verwobene Erzählung von der Auferweckung der Tochter des Jairus zeigt, dass Jesus sich in seiner Seelsorge bewusst dem Einzelnen zuwendet. Jesus verlangt, dass die Menge der Trauernden das Zimmer verlässt, damit er mit den Eltern und ihrer Tochter allein sein kann: „Und er ging hinein und sprach zu ihnen: Was lärmt und weint ihr? Das Kind ist nicht gestorben, sondern es schläft. Und sie verlachten ihn. Er aber trieb sie alle hinaus und nahm mit sich den Vater des Kindes und die Mutter und die bei ihm waren, und ging hinein, wo das Kind lag, und ergriff das Kind bei der Hand ... (V. 39-41)".

In Markus 7,33, wo die Heilung des Taubstummen berichtet wird, heißt es ausdrücklich, dass Jesus ihn aus der Menge beiseitenahm, bevor er ihn heilte. Auch in der Geschichte von der Heilung des blinden Bartimäus aus Jericho lässt sich die Fokussierung auf den einzelnen Hilfsbedürftigen in seiner Not beobachten (Markus 10,46-52). Jesus ist dabei, inmitten seiner Jünger und einer großen Menschenmenge die Stadt zu verlassen. Als er an dem bettelnden Bartimäus vorübergeht, fängt dieser an, laut zu schreien, um Jesus auf sich aufmerksam zu machen. Trotz der Versuche der Menge, ihn zum Schweigen zu bringen, schreit er immer lauter. Jesus bleibt schließlich stehen, lässt ihn zu sich führen und heilt ihn.

Ein letztes Beispiel: Auch die Geschichte des Zöllners Zachäus zeigt, dass die Seelsorge Jesu auf den Einzelnen ausgerichtet ist. Zachäus, klein von Wuchs, muss einen Baum besteigen, um Jesus sehen zu können. Jesus bleibt unter dem Baum stehen, schaut nach oben und spricht ihn persönlich an: „Zachäus, steig eilend herunter; denn ich muss heute in deinem Haus einkehren" (Lukas 19,5).

Die angeführten Gleichnisse und Geschichten aus den Evangelien belegen eindrucksvoll: Im Zentrum des seelsorglichen Wirkens Jesu steht der Einzelne. Die Seelsorge Jesu ist „nächstenorientiert".[49] Dabei hat Jesus die Wichtigkeit der Gesellschaft für das Leben des Einzelnen nicht übersehen. Darauf deuten etwa seine zahlreichen Streitgespräche mit den Pharisäern und Schriftgelehrten hin. Sie zeigen, dass Jesus sich darum bemühte, die religiösen Führer Israels von seiner Sendung zu überzeugen und dadurch Einfluss auf die Gesellschaft insgesamt zu gewinnen. Jesus hat eine Form von gesellschaftlicher bzw. politischer Seelsorge geübt, nicht zuletzt, um für seine Nachfolgerinnen und Nachfolger glaubensfördernde Lebensumstände zu schaffen.

4.2 Ausrichtung auf die Menschen am Rande

Beim Lesen der Evangelien fällt auf, dass die Seelsorge Jesu sich zwar nicht nur, aber vor allem an Menschen richtet, die sich aus den unterschiedlichsten Gründen am Rande der damaligen Gesellschaft befinden. Kranke, Besessene, Wirtschaftskriminelle und Prostituierte bilden die primäre Seelsorgeklientel Jesu. Für seine Seelsorge ist ein Bibeltext aus Jesaja 61,1f prägend, der bereits seiner Antrittspredigt in Nazareth zugrunde liegt: „Der Geist des Herrn ist auf mir, weil er mich gesalbt hat und gesandt, zu verkündigen das Evangelium den Armen, zu predigen den Gefangenen, dass sie frei sein sollen, und den Blinden, dass sie sehen sollen, und die Zerschlagenen zu entlassen in die Freiheit und zu verkündigen das Gnadenjahr des Herrn" (Lukas 4,18f). In eigenen Worten formuliert Jesus das Ziel seiner Seelsorge prägnant in Lukas 5,31f: „Die Gesunden bedürfen des Arztes nicht, sondern die Kranken. Ich bin nicht gekommen, Gerechte zu rufen, sondern Sünder zur Buße."

Zu den Menschen am Rande gehörten damals auch die Kinder. Sie galten in der Antike lediglich als unfertige Erwachsene. Jesus entdeckte sie, 1700 Jahre vor Zinzendorf und Rousseau, als eigenständige Persönlichkeiten: „Da wurden Kinder zu ihm gebracht, dass er die Hände auf sie legte und betete. Die Jünger aber fuhren sie an. Aber Jesus sprach: Lasset die Kinder und wehret ihnen nicht, zu mir zu kommen; denn solchen gehört das Himmelreich. Und er legte die Hände auf sie …" (Matthäus 19,13-15).

4.3 Seelsorge im Raum der Freiheit

Zur spezifischen Kontur der Seelsorge Jesu gehört, dass sie in einem Raum der Freiheit erfolgt. Zwei Beispiele zur Illustration: In der Geschichte von der Heilung des blinden Bartimäus fragt Jesus diesen: „Was willst du, dass ich für dich tun soll? Der Blinde sprach zu ihm: Rabbuni, dass ich sehend werde" (Markus 10,51). Indem Jesus nach dem Wunsch des Blinden fragt, respektiert er die Würde des Kranken, nimmt ihn als selbstverantwortliches Gegenüber ernst und degradiert ihn nicht zum Objekt seiner Fürsorge.

Vielleicht am deutlichsten zeigt sich diese Einstellung Jesu in Johannes 5,1-18. Am Teich Betesda in Jerusalem liegt bereits seit 38 Jahren ein Mensch, der chronisch krank ist. Jesus spricht ihn folgendermaßen an: „Als Jesus ihn liegen sah und vernahm, dass er schon so lange krank war, spricht er zu ihm: Willst du gesund werden?" (V. 6). Die von Jesus dem Kranken gestellte Frage, ob er gesund werden will, erscheint auf den ersten Blick absolut unangebracht. Ist es nicht selbstverständlich, dass jemand nach so langer Krankheitszeit gesund werden will? Genauso verwunderlich ist die Antwort des Kranken, der nicht etwa sagt: „Ja, mit Freuden", sondern voller Selbstmitleid reagiert: „Herr, ich habe keinen Menschen, der mich in den Teich bringt, wenn das Wasser sich bewegt; wenn ich aber hinkomme, so steigt ein anderer vor mir hinein" (V. 7). Mit seiner Frage rührt Jesus an den wunden Punkt im Leben des Kranken. Er muss sich klar werden, ob er überhaupt willens ist, sich auf ein neues, gesundes Leben einzulassen. Menschen können mit ihren Krankheiten und den damit verbundenen Einschränkungen, Belastungen und Bindungen so vertraut sein, dass sie sich vor dem unbekannten gesunden Leben fürchten. Erst nach diesem Gesprächsgang folgt die Aufforderung Jesu an den Kranken: „Steh auf, nimm dein Bett und geh hin!" (V. 11). Jetzt erst ist er bereit, nicht länger in seiner Krankheit und im Selbstmitleid stecken zu bleiben, sondern die Initiative zu ergreifen und aktiv zu werden.

Dass Jesus in der seelsorglichen Begegnung Menschen zunächst in einen Raum der Freiheit führt, ja, sie bei ihrer Freiheit und ihren Möglichkeiten behaftet, entspricht dem messianischen Selbstverständnis Jesu, wie es etwa im sog. Messiasgeheimnis des Markus, aber auch im Verweis auf das Gottesknechtslied (Jesaja 42,1-4) in Matthäus 12,15-21 zum Ausdruck kommt: „Er wird nicht streiten noch schreien, und man wird seine Stimme nicht hören auf den Gassen; das geknickte Rohr wird er nicht zerbrechen, und den glimmenden Docht wird er nicht auslöschen ..." (V. 19f). Der Messias Jesus überwältigt in der Seelsorge niemanden. Er respektiert die Freiheit des Menschen und fordert ihn auf, selbst aktiv zu werden. Der Respekt vor der Freiheit des Menschen prägt auch das Handeln des auferstandenen und verherrlichten Jesus Christus: „Siehe, ich stehe vor der Tür und klopfe an. Wenn jemand meine Stimme hören wird und die Tür auftun, zu dem werde ich hineingehen und das Abendmahl mit ihm halten und er mit mir" (Offenbarung 3,20). Jesus bricht nicht gewaltsam in das Leben eines Menschen ein, sondern wartet, bis er eingeladen wird.

4.4 Grenzüberschreitende Seelsorge

Eng verbunden mit der Gewährung von Freiheit ist eine weitere Kontur der Seelsorge Jesu. In den Evangelien lässt sich beobachten, dass Jesus die gesellschaftlichen und religiösen Vorschriften und Konventionen seiner Zeit um der Liebe und um des Lebens willen hinter sich lässt. Er durchbricht in seiner Seelsorge die starren, das Leben einengenden und zerstörenden Schranken der Gesetzlichkeit. Dafür einige Beispiele:

1. Jesus ruft Israel durch Wort und Tat ins Gedächtnis, dass der Sabbat um des Menschen willen gemacht ist und nicht der Mensch um des Sabbats willen (Markus 2,27). Darum scheut

er sich nicht, Menschen auch am Sabbat zu heilen: z. B. Markus 3,1-6; Lukas 14,1-6. Die Heilung eines Menschen duldet keinen Aufschub!

2. Jesus lehnt in seiner Seelsorge einen naiven Tun-Ergehen-Zusammenhang ab, der den Menschen unbarmherzig auf die eigenen Verfehlungen bzw. die seiner Vorfahren festlegt. Die Zeitgenossen Jesu beherrschte die selbstverständliche Annahme, dass ein Kranker für die eigenen oder die Sünden der Vorfahren von Gott bestraft wird. In der Geschichte vom Blindgeborenen fragen die Jünger Jesus: „Rabbi, wer hat gesündigt, dieser oder seine Eltern, dass er blind geboren ist?" (Johannes 9,2). Für ihre Überzeugung konnten sie sogar die Tora anführen, vor allem das zweite Gebot: „Denn ich, der Herr, dein Gott, bin ein eifernder Gott, der die Missetat der Väter heimsucht bis ins dritte und vierte Glied an den Kindern ..." (2. Mose 20,5). Jesus beantwortet die Frage seiner Jünger jedoch mit einem Weder-noch, weil es für ihn das einfache Gesetz von Ursache und Wirkung nicht gibt: „Es hat weder dieser gesündigt noch seine Eltern, sondern es sollen die Werke Gottes offenbar werden an ihm" (Johannes 9,2). Zwar bringt auch Jesus die Krankheit in Beziehung zu Gott, doch deutet er sie nicht als Strafe, sondern als Chance. Sie eröffnet dem Blindgeborenen die Möglichkeit, Gottes Handeln an sich zu erfahren.

3. Ein besonders eindrucksvolles Beispiel für die grenzüberschreitende Dimension der Seelsorge Jesu findet sich in Johannes 8,1-11. Jesus bewahrt die Frau vor der durch die Tora gebotenen Steinigung, indem er die Selbstgerechtigkeit der Schriftgelehrten und Pharisäer entlarvt. Jesus korrigiert durch sein Verhalten aber auch die alttestamentliche Ehegesetzgebung. Er hebt das Gebot der Steinigung bei Ehebruch auf, ohne allerdings das Verbot des Ehebruchs für ungültig zu erklären: „So verdamme ich dich auch nicht; geh hin und sündige hinfort nicht mehr" (Johannes 8,11). Damit ist nicht nur die Entkriminalisierung des Ehebruchs gegeben, sondern auch die Möglichkeit zur Ver-

gebung der alttestamentlichen „Todsünde" des Ehebruchs impliziert. Wie die Heilungen am Sabbat zeigt auch Johannes 8, dass Jesus um des Menschen willen die Geltung bestimmter alttestamentlicher Gebote aussetzen kann. Grund dafür ist, dass durch sein Kommen Gott die Welt mit sich selbst versöhnt hat (2. Korinther 5, 19).

4. Jesus durchbricht in seiner Seelsorge nicht nur die Grenzen der zeitgenössischen Moral und Sitte. Er bringt sich durch seine Seelsorge sogar selbst ins Zwielicht. Das wird an der Geschichte der Salbung Jesu durch die Sünderin erkennbar (Lukas 7,36-50). In der Salbung seiner Füße durch die Prostituierte erkennt Jesus ihre Sehnsucht nach Vergebung und Neuanfang. Darum weist er sie nicht zurück, sondern lässt die Salbung in aller Öffentlichkeit geschehen. Obwohl er weiß, was die Anwesenden nun über ihn denken, spricht er ihr die Vergebung der Sünden zu und entlässt sie mit dem Friedensgruß. Ein Seelsorger, der sich heute in der Öffentlichkeit ein ähnliches Handeln von einer Prostituierten gefallen ließe, würde wohl sehr schnell vom Dienst suspendiert werden.

5. Jesus überschreitet in seiner Seelsorge auch grundsätzliche Grenzen, die der Frau im Judentum seiner Zeit gesetzt waren. Das zeigt sich etwa an seinem Umgang mit Maria und Martha (Lukas 10,38-42). Jesus lehrt Maria nach Art eines Rabbi, was im zeitgenössischen Judentum ausschließlich Männern vorbehalten war.[50]

6. Schließlich überschreitet Jesus in seiner Seelsorge sogar die Grenzen des jüdischen Volkes: Das wird an der Geschichte von der Heilung der Tochter der Syrophönizierin (Markus 7,24-30) und am Gespräch mit der Samariterin am Jakobsbrunnen (Johannes 4) deutlich. Beide Male handelt es sich um Frauen, die von den jüdischen religiösen Autoritäten als unrein betrachtet wurden. Jesus lässt sich nicht nur auf ein Gespräch mit ihnen ein, sondern erfüllt der Syrophönizierin zudem die Bitte um Heilung ihrer Tochter und führt die Samariterin zum Glau-

ben an sich als den Messias. Vor allem von der feministischen Bibelauslegung wurde zu Recht darauf hingewiesen, dass die Syrophönizierin durch ihren Glauben und ihre Schlagfertigkeit das grenzüberschreitende Handeln Jesu überhaupt erst ausgelöst hat.

4.5 Ganzheitliche Seelsorge

In den Evangelien fällt die große Zahl an Heilungserzählungen auf. Sie zeigen unübersehbar: Das seelsorgliche Gespräch Jesu war begleitet von Heilungen und Wundern. Seelsorge und Leibsorge gehören bei ihm zusammen. Die leibliche Dimension der Seelsorge Jesu umfasste außer den Heilungen auch Dämonenaustreibungen und Speisungswunder – vgl. z. B. die Heilung des Geraseners (Markus 5,1-20) und die Speisung der 5000 (Matthäus 14,13-21).

Bis in die jüngste Vergangenheit war in der kirchlichen Seelsorge entsprechend dem Mainstream der Exegese die Tendenz vorherrschend, die biblischen Berichte über die Heilungen Jesu von der volkskirchlichen Erfahrungsebene her zu lesen, wodurch die in den Texten bezeugten Erfahrungen von vornherein unter den Verdacht gerieten, nicht wirklich geschehen zu sein. Angesichts zunehmender Globalisierung und dem damit verbundenen Bekanntwerden vieler Berichte von Krankenheilungen in christlichen Gemeinden Lateinamerikas, Afrikas und Chinas ist die wissenschaftliche Bibelauslegung heute vorsichtiger geworden. Ich selbst plädiere für ein neues Lesen der Texte, um auf diese Weise europäisch geprägten Seelsorgerinnen und Seelsorgern mithilfe der biblischen Texte neue Erfahrungsdimensionen, wie z. B. Heilungen, zu erschließen. In eine ähnliche Richtung gehen Überlegungen Klaus Bergers, die er bereits vor längerer Zeit in seinem Buch *Darf man an Wunder glauben?* vorgetragen hat.[51] Er möchte darin „das Außerordentliche als

Maß des Christlichen" wiedergewinnen.[52] Ausgangspunkt ist seine These, dass in Gottes Gegenwart, wie sie in Jesus Christus und seinen Nachfolgerinnen und Nachfolgern begegnete, eine Ausnahmesituation geschaffen wurde, die außergewöhnliche Wunder und Charismen hervorrief. Voraussetzung dafür, das Außerordentliche zu verstehen und zu erleben, ist für Berger die Annahme unterschiedlicher Wirklichkeitsbereiche. Diese könnten nur mit unterschiedlichen Methoden wahrgenommen werden: Wunder – wie z. B. Krankenheilungen – seien nur erfassbar und erlebbar auf dem Weg mythisch-mystischen Wahrnehmens und Erlebens, nicht aber auf mechanischem, physikalischem oder kausalem Wege, wie Vorgänge der Natur es seien.[53]

4.6 Jesus als Seelsorger teilt sich selber mit

Zur Kontur des seelsorglichen Handelns Jesu gehört auch, dass er anderen Menschen Einblick in sein Leben, in sein Denken und Wollen, sogar in sein Fühlen gegeben hat. Das galt vor allem für die Mitglieder des Zwölferkreises, für die 72 Jünger, aber auch für weitere Jünger und Jüngerinnen, die ihn auf seinen Wanderungen durch Palästina begleiteten. Sie alle haben Jesus – wie Schüler ihren Rabbi – in ganz unterschiedlichen Situationen, wie Hochzeitsfesten und Trauerfällen (Johannes 2;11), aus der Nähe, zum Anfassen, erlebt.

Dietrich Bonhoeffer schreibt in „Widerstand und Ergebung", dass Jesus anders als Johannes der Täufer kein *homo religiosus*, kein religiöser Mensch, sondern ein Mensch schlechthin gewesen sei, der am alltäglichen Leben teilnahm.[54] Er lebte in radikaler Diesseitigkeit, die allerdings voller Zucht war. Bonhoeffer hat daraus sogar einen neuen christologischen Titel abgeleitet: „Jesus der Mensch für andere".

Dass Jesus seinen Alltag bewusst mit anderen Menschen teilte, sich selber mitteilte, also, philosophisch gesprochen, Seelsorge in Form von Existenzmitteilung betrieb, zeigt z. B. Johannes 1,38f: „Sie aber sprachen zu ihm: Rabbi – das heißt übersetzt: Meister –, wo wirst du bleiben? Er sprach zu ihnen: Kommt und seht! Sie kamen und sahen's und blieben diesen Tag bei ihm." Jesus lädt hier zwei Jünger Johannes des Täufers ein, sich selbst ein Bild von seinem Alltagsleben zu verschaffen.

Eine aufschlussreiche Stelle ist in diesem Zusammenhang auch die Gethsemane-Erzählung (Matthäus 26,36-46 und Parallelen bei Markus und Lukas). Jesus vertraut sich in seiner Todesangst seinen wichtigsten Jüngern Petrus, Jakobus und Johannes an. Erstaunlich ist darüber hinaus, dass Jesus als ihr Meister sie um Fürbitte für sich bittet: „Da sprach Jesus zu ihnen: Meine Seele ist betrübt bis an den Tod; bleibt hier und wachet mit mir!" (V. 38). Die synoptischen Evangelien zeichnen in der Passionsgeschichte ein ganz anderes Bild von Jesus, als es etwa Plato vom Sterben seines Lehrers Sokrates in der „Apologie" und im „Kriton" getan hat. Jesus ist nicht wie Sokrates als Held in großer Gelassenheit gestorben, sondern hat schwer mit dem Tod gerungen.

Der Höhepunkt der Existenzmitteilung Jesu besteht in seinem Sterben für seine Freunde. Jesus bringt selbst das Opfer, das er in den Nachfolgeworten zumindest in übertragenem Sinne auch von seinen Jüngern und Jüngerinnen fordert:

Will mir jemand nachfolgen, der verleugne sich selbst und nehme sein Kreuz auf sich und folge mir nach. Denn wer sein Leben behalten will, der wird's verlieren; und wer sein Leben verliert um meinetwillen und um des Evangeliums willen, der wird's behalten (Markus 8,34).

4.7 Wiederherstellung der Gemeinschaft mit Gott und den Mitmenschen

Die Seelsorge Jesu hat das Ziel, Menschen gleichzeitig in die Gemeinschaft mit Gott und den Mitmenschen zu führen. Beides ist untrennbar miteinander verbunden. Dieses Charakteristikum der Seelsorge Jesu stellt eine Konsequenz des Doppelgebotes der Liebe dar: „Du sollst den Herrn, deinen Gott, lieben von ganzem Herzen, von ganzer Seele und mit all deiner Kraft und deinem ganzem Gemüt, und deinen Nächsten wie dich selbst" (Lukas 10,27). Die Beziehung zu Gott, zum Nächsten, zur Mitwelt und zu sich selbst ist durch die Sünde gleichermaßen gestört. Entsprechend bedingen sich die Wiederherstellung der Gemeinschaft mit Gott, mit dem Nächsten, mit der Mitwelt und mit sich selbst gegenseitig.

In der Bergpredigt betont Jesus folgerichtig, dass es ohne Versöhnung mit dem Bruder auch keine Versöhnung mit Gott gibt (Matthäus 5,21-26). Am anschaulichsten bringt Jesus die Notwendigkeit der Gemeinschaft mit dem Nächsten, die sich in der Fürsorge für ihn konkretisiert, im Gleichnis vom barmherzigen Samariter zum Ausdruck (Lukas 10). Das Gleichnis zeigt, dass die von Jesus intendierte Gemeinschaft mit dem Mitmenschen selbst vor den Grenzen der eigenen Volks- und Religionszugehörigkeit nicht haltmacht.

4.8 Seelsorge als Einübung in die Nachfolge

Für die Kontur des seelsorglichen Handelns Jesu ist auch die Einübung in Glauben und Nachfolge charakteristisch. Zu seiner Seelsorge gehört mit Übung und Training auch eine pädagogische Dimension. Dieser Aspekt der Seelsorge Jesu wird besonders an seinem Umgang mit dem engeren Jüngerkreis erkennbar. Die Einübung in die Nachfolge zeigt sich in der Aussendung der 12 (Matthäus 10,5-15) bzw. 72 Jünger (Lukas 10,1-12), woran sich jeweils eine gemeinsame Auswertung der Praxiserfahrungen anschließt. Die Aussendungen mit anschließender Reflexion stellen seelsorgliche Praxisübungen dar, durchaus vergleichbar mit der heutigen kirchlichen Seelsorgeausbildung, die gleichermaßen Praxiserfahrungen und Reflexion umfasst.

Auch die Lehre Jesu vor dem Jüngerkreis, wie wir sie etwa in der Bergpredigt vor uns haben (Matthäus 5–7), schließt eine pädagogische Dimension ein. Die Jünger sollen mit ganz konkreten Handlungsanweisungen zur Nachfolge Jesu ermutigt werden. Hierher gehören auch die Ermahnungen zum entschiedenen, nicht nachlassenden, ja unverschämten Gebet, die in den Gleichnissen vom bittenden Freund (Lukas 11,5-8) und von der bittenden Witwe (Lukas 18,1-8) verdeutlicht werden. Auch die Neubewertung des Opfers, dessen Größe Jesus nicht an der Höhe des Geldbetrags, sondern am Ausmaß des Vertrauens des Opfernden auf Gottes Fürsorge festmacht, gehört in diesen Zusammenhang.

4.9 Seelsorge im Horizont der Ewigkeit

Schließlich geschieht die Seelsorge Jesu im Horizont der Ewigkeit. Das macht ihren Ernst und ihre Dringlichkeit aus. An vielen Geschichten wird sichtbar, dass die Seelsorge Jesu, sei sie leiblicher oder seelischer Art, auf den Glauben und damit auf das ewige Leben in der Gemeinschaft mit Gott hinzielt. Das zeigt z. B. die Geschichte von den zehn Aussätzigen: Alle werden geheilt, doch nur demjenigen, der zurückkehrt, um Jesus zu danken, gilt die Zusage: „Steh auf, geh hin; dein Glaube hat dir geholfen" (Lukas 17,19). Im Horizont des Ernstes und der Dringlichkeit der Seelsorge Jesu bekommen die Gleichnisse vom Weltgericht (z. B. von den zehn klugen und törichten Jungfrauen in Matthäus 25,1-13) eine neue seelsorgliche Bedeutung. Sie sind keine Drohbotschaften, sondern unterstreichen die alles andere überstrahlende Wichtigkeit von Umkehr, Nachfolge und ewiger Gemeinschaft mit Gott.

Zur Seelsorge Jesu gehört nach den Evangelien das Moment der Entscheidung und Umkehr. Er möchte die Menschen aus falschen Sicherheiten herausführen und ihnen zum bedingungslosen Vertrauen auf Gott verhelfen. Das zeigen etwa die Begegnung Jesu mit dem reichen Jüngling (Matthäus 19,16-26), der Fischzug des Petrus, verbunden mit seinem Ruf in die Nachfolge (Lukas 5), und die Berufung des Matthäus (Matthäus 9,9).

Die Eile, die den Ruf in die Nachfolge kennzeichnet, zeigt drastisch folgende Geschichte: „Ein anderer aber, einer seiner Jünger, sprach zu ihm: Herr, erlaube mir, dass ich zuvor hingehe und meinen Vater begrabe. Aber Jesus spricht zu ihm: Folge mir nach und lass die Toten ihre Toten begraben!" (Matthäus 8,21f). Wir können heute wahrscheinlich kaum noch nachempfinden, welche Pietätlosigkeit Jesus sich hier in den Ohren seiner Zuhörer zuschulden kommen lässt.[55] In die Nachfolge Jesu zu treten, an ihn als den Messias zu glauben und ihm zu folgen, ist wichtiger als alle gesellschaftlichen Anstandsregeln.

5. Was wir heute von der Seelsorge Jesu lernen können. Elf Thesen

Im Folgenden möchte ich abschließend in Form von elf Thesen danach fragen, was wir heute von der Seelsorge Jesu lernen können.

1. Voraussetzung dafür, dass die Seelsorge Jesu, wie sie uns in den Evangelien vor Augen gemalt wird, die heutige Seelsorge in Theorie und Praxis inspirieren kann, ist, dass Seelsorgerinnen und Seelsorger die seelsorglichen Texte der Evangelien regelmäßig meditieren und mit ihnen zu leben beginnen. Es geht nicht darum, alle seelsorglich relevanten Texte zu kennen, sondern sukzessive einige auszuwählen und im eigenen Leben auf ihre Tragfähigkeit hin zu erproben. Angesagt ist nicht Quantität, sondern Qualität! Entscheidend ist, sich mit einem Grundbestand von Bildern, Titeln, Gleichnissen und Seelsorgegeschichten vertraut zu machen.

   In Luthers Seelsorgebriefen fällt auf, dass es neben den Psalmen lediglich vier Bibelverse sind, auf die er sich immer wieder beruft.[56] Am häufigsten verweist der Reformator auf 2. Korinther 12,9: „Lass dir an meiner Gnade genügen; denn meine Kraft ist in den Schwachen mächtig" und 1. Petrus 5,7: „Alle eure Sorge werfet auf ihn, denn er sorgt für euch." Danach folgen Johannes 16,33: „In der Welt habt ihr Angst; aber seid getrost, ich habe die Welt überwunden" und Römer 14,8: „Leben wir, so leben wir dem Herrn, sterben wir, so sterben wir dem Herrn. Darum wir leben oder sterben, so sind wir des Herrn."

2. Wir sahen, dass Jesus nach den Seelsorgeeinsätzen seiner Jünger (Aussendung der 12 bzw. 70 Jünger) diese beiseitenahm, um mit ihnen das Erlebte zu besprechen. Jesus Christus ist das Subjekt aller christlichen Seelsorge. Er war es zu seiner irdischen Lebenszeit und ist es als der Auferstandene heute und

wird es bleiben durch alle Zeiten und in allen Weltgegenden bis zu seiner Wiederkunft. In seinem Geist ist er der unsichtbare Dritte in jedem Seelsorgegespräch. Es ist darum für den Erfolg des seelsorglichen Handelns unerlässlich, dass Seelsorgerinnen und Seelsorger die Seelsorge Jesu an sich selbst erfahren. Voraussetzung dafür ist die Pflege des eigenen spirituellen Lebens und dass Seelsorgerinnen und Seelsorger seelsorgliche Begleitung durch andere Menschen in Anspruch nehmen. Früher sprach man in diesem Zusammenhang von der Notwendigkeit der „Seelsorge an Seelsorgern".

3. Obwohl es in den Evangelien ausdrücklich von Jesus heißt, dass er wusste, was im Menschen war, stellt sich seine Seelsorge als Wegbegleitung dar. Jesus verstand sich als Seelsorger erstaunlicherweise nicht als Wegweiser, der dem Seelsorgesuchenden von vornherein sagte, was ihm half, und ihn dann allein ließ, sondern als Wegbegleiter, der sich mit ihm auf den Weg zur Lösung seiner Probleme machte. Die Gespräche mit der Syrophönizierin (Markus 7,24-30) und dem Hauptmann von Kapernaum (Matthäus 8,5-13) zeigen, dass er als Seelsorger überdies lernfähig war. Die Griechin bittet Jesus, ihre Tochter von einem nicht näher beschriebenen unreinen Geist zu befreien. Jesus lehnt das zunächst ab mit der Begründung, dass er allein zu den Angehörigen des Volkes Israel gesandt sei: „Lass zuvor die Kinder satt werden; denn es ist nicht recht, dass man den Kindern das Brot nehme und werfe es vor die Hunde" (V. 27). Die Frau lässt sich jedoch von der abwertenden Reaktion Jesu nicht beirren und antwortet schlagfertig: „Herr, aber doch essen die Hunde unter dem Tisch von den Brosamen der Kinder." Jesus stellt ausdrücklich fest, dass die Antwort der Frau ihn dazu gebracht hat, der Tochter zu helfen. Ähnlich beim Hauptmann von Kapernaum: Jesus hat ursprünglich vor, ihn nach Hause zu begleiten, um vor Ort seinen Knecht zu heilen. Der Hauptmann jedoch will Jesus nicht über Gebühr beanspruchen und erinnert daran, dass selbst er als Offizier

die Macht besitzt, seine Soldaten zu kommandieren. Darum schlägt er Jesus vor, den kranken Knecht aus der Ferne durch sein Wort zu heilen.

Die Seelsorge Jesu ist nicht statisch festgelegt, sondern dynamisch offen. Für heutige Seelsorge heißt das, dass auch sie immer nur im Modus der Wegbegleitung erfolgen sollte. Ein Wegweiser weist dem Ratsuchenden bestenfalls autoritativ den Weg in die richtige Richtung, lässt ihn den Weg aber allein gehen. Ein Wegbegleiter dagegen weiß normalerweise selbst noch nicht, wie der Weg für den Ratsuchenden im Einzelnen aussehen wird. Er wird darum im seelsorglichen Gespräch weniger Antworten als vielmehr Fragen formulieren. Darum kann er dem Ratsuchenden auf dessen Weg mit gutem Gewissen nicht mehr als seine Begleitung anbieten. Dass auch dies immer nur zeitlich begrenzt geschehen kann, versteht sich von selbst. Natürlich ist eine derartige Wegbegleitung nur dann möglich, wenn der Ratsuchende es wünscht. Seelsorge als Wegbegleitung erfolgt in einem Raum der Freiheit, in dem Seelsorgesuchender und Seelsorger sich auf Augenhöhe begegnen.

Neben dem Vorbild Jesu liegt der theologische Grund für den Seelsorger, sich als Wegbegleiter zu verstehen, im Gedanken des allgemeinen Priestertums (1. Petrus 2,9).

Jeder Christ steht unmittelbar vor Gott; es dürfen und brauchen sich keine priesterlichen Vermittlungsinstanzen zwischen ihn und Gott zu schieben. Schon der irdische Jesus macht seinen Jüngerinnen und Jüngern klar, dass sie selbst erkennen können, wer Gott ist und was er von ihnen will: „Ihr sollt euch nicht Lehrer nennen lassen; denn einer ist euer Lehrer: Christus" (Matthäus 23,10). Ziel der Seelsorge ist – mit einem berühmten Wort des Ignatius von Loyola (1491–1556) aus seinen „Exerzitien" gesprochen –, „dass der Schöpfer und Herr sich selbst seiner [des Ratsuchenden!] Seele mitteilt."[57] Die Aufgabe von Seelsorgerinnen und Seelsorgern besteht lediglich darin, dabei Hilfestellung zu leisten.

4. Programmatisch steht über der öffentlichen Wirksamkeit Jesu der Satz: „Tut Buße, denn das Himmelreich ist nahe herbeigekommen!" (Matthäus 4,17). Jesus konfrontiert Menschen mit ihrem falschen Tun und fordert sie heraus, umzukehren und ihr Verhalten zu ändern. Die Annahme des Menschen, so wie er ist, und die Aufforderung zu Umkehr und Umdenken sind zwei Seiten der gleichen Medaille.

Der Aspekt der Annahme des Menschen, so wie er ist, ist durch die verstärkte Integration von psychologischen Erkenntnissen und therapeutischen Methoden in die kirchliche Seelsorge seit den 1970er-Jahren stark betont worden. Etwa gleichzeitig entwickelte der Amerikaner Jay E. Adams das Programm einer „biblischen Seelsorge".[58] Der Kerngedanke seiner „nuthetischen Seelsorge" (von Griech. *nuthesia* = Zurechtweisung) besteht darin, dass der Seelsorgesuchende für sein Handeln verantwortlich ist und es zum Positiven verändern kann. Der Seelsorger hat daher die Aufgabe, ihm aus der Bibel abgeleitete ethische Anweisungen zu geben. „Bei allen Vorwürfen, die man Adams machen kann, muss man doch sagen, dass er dem Menschen die *Kontrolle über sich selber* zurückgibt. Wenn er die wesentlichen Triebkräfte im Menschen ‚Sünde' nennt, macht er sie angehbar und veränderbar."[59]

Seelsorge in der Nachfolge Jesu von Nazareth darf den Seelsorgesuchenden weder auf den Status quo festlegen noch auf seine Selbstheilungskräfte beschränken. Zwar ist die Annahme des Menschen, so wie er ist, für die Seelsorge entscheidend. Sie folgt aus der Liebe Jesu. Zur Liebe Gottes gehört aber gleichzeitig, den Seelsorgesuchenden herauszufordern, ihm neue Perspektiven zu eröffnen und ihn nicht auf seine eigenen Möglichkeiten festzulegen, sondern ihn auf die Möglichkeiten des Geistes Gottes hinzuweisen.

5. In der Seelsorge Jesu geht es darum, Menschen zu helfen, sich der eigenen Wahrheit zu stellen. Gerade an dieser Stelle kam es zu Lebzeiten Jesu zu schweren Auseinandersetzungen mit den

anerkannten Seelsorgern seiner Zeit. Indem Jesus die Heuchelei und fromme Selbstgerechtigkeit der religiösen Elite seines Volkes entlarvte, machte er sich diese zu Todfeinden.

Jesus ist ein Freund der Wahrheit, ja die Wahrheit selbst (Johannes 14,6), und bereits im Alten Testament heißt es, dass Gott es den Aufrichtigen gelingen lässt (Sprüche 2,7). Daher führt die Wahrhaftigkeit gegenüber sich selbst den Seelsorgesuchenden automatisch in den Machtbereich Jesu Christi und damit in seine heilende Nähe. Der englische Literaturnobelpreisträger Thomas S. Eliot, ein überzeugter Christ, prägte den Satz: „Der Mensch verträgt nur wenig Wirklichkeit." Gerade religiöse Menschen scheinen angesichts hoher ethischer Ideale dazu zu neigen, die Augen vor der eigenen, oft beschämenden Wirklichkeit zu verschließen, weil die Wahrheit zu schmerzhaft wäre. Angesichts dieser menschlichen Grundbefindlichkeit sollte Seelsorge in der Nachfolge Jesu zuallererst eine Schule der Wirklichkeit sein. Sie sollte dem Seelsorgesuchenden helfen, aus den Illusionen über sich selbst herauszufinden. Oft haben Menschen sich mit ihren Lieblingsvorstellungen so sehr angefreundet, dass sie regelrechte Immunbarrieren errichtet haben, um zu verhindern, diese Vorstellungen durch eine realistische Selbstsicht zu ersetzen.

Dass es Sigmund Freud in der Psychoanalyse gelungen ist, eine Methode zu erfinden, die es einem Menschen erlaubt, über einen längeren Zeitraum unkommentiert über sich selbst zu sprechen, stellte einen schöpfungsbejahenden Akt dar. Ich habe oft bedauert, dass diese Erfindung nicht im Rahmen der Seelsorge gemacht wurde. Stattdessen geriet Seelsorge in den Verdacht, Menschen mit unerfüllbaren ethischen Vorschriften oder lebensfernen biblischen Ratschlägen lieblos abzuspeisen. Jesus ließ Menschen in seiner Seelsorge ausreden, war allerdings bereit, sie – wenn nötig – im richtigen Augenblick auch mit unangenehmen Wahrheiten zu konfrontieren, wie etwa sein Gespräch mit der Samariterin am Jakobsbrunnen zeigt (Johannes 4,5-43).

6. Wir sahen, dass die Adressaten der Seelsorge Jesu primär Menschen am Rande der damaligen Gesellschaft waren. Außerdem lag der Fokus seines seelsorglichen Handelns auf Angehörigen des Volkes Israel. De facto hat Jesus jedoch allen geholfen, die zu ihm kamen.

Auch wenn Jesus z. B. die Gefahr des Reichtums in drastischen Worten beschrieb, hinderte ihn das nicht daran, sich bei dem superreichen Zöllner Zachäus zu Tisch zu laden. Die Tochter der Syrophönizierin heilte er ebenso wie den Knecht des römischen Hauptmanns.

Heute ist die Ausrichtung der christlichen Seelsorge auf gesellschaftliche Randgruppen zum Gemeinplatz geworden. Sie orientiert sich an denjenigen, die gesellschaftlich keine oder nur eine schwache Stimme haben, an Unmündigen, Rechtlosen, Geflüchteten, Armen, Kranken und nicht heterosexuell Empfindenden. Bisweilen drängt sich der Eindruck auf, dass Menschen in der Mitte der Gesellschaft und solche, die in ihr den Ton angeben, auf der Agenda der christlichen Seelsorge keinen Platz mehr haben. Die Vernachlässigung der Seelsorge an Wirtschaftsbossen und politisch Verantwortlichen kann sich nicht auf das Vorbild Jesu berufen! Und die Seelsorge an Verheirateten, Familien und Alleinlebenden, weit mehr als 90 % der Bevölkerung, sollte über dem Einsatz für die Rechte von Schwulen und Lesben nicht vernachlässigt werden.

7. Auch wenn Jesus zweifellos zu den Entdeckern des Einzelnen in der Seelsorge gehört, ist seine Seelsorge gleichzeitig auf die Gesellschaft insgesamt bezogen. Seine Reich-Gottes-Verkündigung hat die Veränderung der gesellschaftlichen Verhältnisse, die Umwertung aller Werte, zum Ziel. Von der Seelsorge Jesu lässt sich lernen, dass die Seelsorge am Einzelnen Hand in Hand mit einer Seelsorge an der Gesellschaft gehen muss. Die Soziologie hat uns gelehrt, dass der Einzelne in seinen Entscheidungen und seinem Handeln stark von familiären und gesellschaftlichen Vorgaben geprägt wird. Der durch die

Erziehung vermittelte Habitus lässt uns alle weit weniger frei sein, als wir meinen.

Macht, Sex und Geld haben in der heutigen Gesellschaft nicht anders als zu Jesu Zeiten prägenden Einfluss auf das Verhalten. Jesu Seelsorge will Menschen von deren Prägekraft freimachen. In unserer von Geld und Konsum geprägten Gesellschaft hat sich eine Art Fettschicht um das menschliche Herz gelegt, die es schwer macht, auf das Evangelium zu hören. Angesichts dieser Situation könnte die Erinnerung an die Berücksichtigung der gesellschaftlichen Dimension in der Seelsorge Jesu hilfreich sein. Jesus war sich bewusst, dass nur im Rahmen einer grundsätzlichen Veränderung der gesellschaftlichen Wertvorstellungen eine nachhaltige Veränderung des Verhaltens des Einzelnen möglich ist: „Ihr wisst, die als Herrscher gelten, halten ihre Völker nieder, und ihre Mächtigen tun ihnen Gewalt an. Aber so ist es unter euch nicht; sondern wer groß sein will unter euch, der soll euer Diener sein" (Markus 10,42f). Besonders entschieden warnt Jesus vor der Gefahr des Reichtums. In der Bergpredigt stellt er Gottesdienst und Mammonsdienst als sich ausschließende Alternativen einander gegenüber (Matthäus 6,25).

8. Die Seelsorge Jesu hat den ganzen Menschen als eine Einheit von Leib, Seele und Geist zum Adressaten. Wie wir sahen, heilte er Menschen, nahm sie in seine Gemeinschaft auf und öffnete ihnen den Weg zu Gott und damit zum ewigen Leben. Die unterschiedlichen Seelsorgekonzeptionen in der Vergangenheit haben häufig einseitig lediglich einen Aspekt des Menschen in den Fokus gerückt. Meist ging es entweder um seinen Geist oder um seine Seele bzw. seinen Willen. So hatte die auf die Verkündigung ausgerichtete Seelsorgekonzeption Eduard Thurneysens (geprägt von der dialektischen Theologie) primär die Rettung des Menschen, also seinen Geist, vor Augen, während die psychologisch geprägte Seelsorge vor allem die Aktivierung der seelischen Selbstheilungskräfte zum Ziel hatte.

In Zukunft geht es darum, in der Seelsorge stärker die Zusammengehörigkeit und enge Verflochtenheit von Leib, Seele und Geist zu berücksichtigen. Empirische Untersuchungen haben ergeben, dass ein positiver, mutmachender Glaube gesundheitsfördernd ist. Daher überzeugt die traditionelle Aufteilung von Heil und Heilung zwischen Seelsorge und Medizin nicht mehr. Das Gebet um Heilung – verbunden mit dem Ritual der Krankensalbung nach Jakobus 5,13-18 – sollte wieder essenzieller Bestandteil der seelsorglichen Begleitung Kranker werden.

9. Jesus hat in seiner Seelsorge Menschen nicht mit traditionellen religiösen Formeln abgespeist. Er hat sie ohne Berührungsängste in ihrer Lebenssituation und ihren Nöten aufgesucht und ist mit ihnen – in permanenter Auseinandersetzung mit den religiösen Führern seiner Zeit – neue Wege zu Gott gegangen. Gegenläufig zum Prozess der fortschreitenden Entkirchlichung und Säkularisierung lässt sich in der heutigen Gesellschaft gleichzeitig ein zunehmendes Interesse an Spiritualität entdecken. Nach dem Motto „Es muss doch mehr als alles geben"[60] sind viele Menschen auf der Suche nach Sinn in ihrem Leben – jenseits von Familie, Beruf und Konsum (in all seinen Spielarten). Daher wird es in Zukunft darum gehen, die spirituelle Dimension in der Seelsorge zu stärken. Ich denke hier z. B. an das Angebot von Ritualen wie Segnen, Salben und Handauflegen oder auch eines persönlichen Gebets.

10. Die Seelsorge Jesu erfolgte schon zu seinen Lebzeiten im Raum des Glaubens und nicht des Schauens. Deshalb konnten seine Gegner, ohne Konsequenzen fürchten zu müssen, sein seelsorgliches Handeln kritisieren und ablehnen. Daran hat sich bis heute nichts geändert. Der Satz, dass Jesus Christus geholfen hat, ist immer ein Glaubensurteil über ein irdisches Geschehen. Selbst eine noch so überwältigende Erfahrung der Hilfe in der Seelsorge bleibt eine Erfahrung des Glaubens.

Dass Seelsorge im Raum des Glaubens geschieht, hängt mit der Gestalt von Gottes Wirken in dieser Weltzeit zusammen.

Seine Liebe ist im Kreuzestod Jesu unter seinem Gegenteil sichtbar geworden. Obwohl auf Golgatha mit dem Tod Jesu dem äußeren Anschein nach die Widersacher Jesu triumphierten, hat er, wie die Auferstehung zeigt, gerade durch seinen Tod am Kreuz die widergöttlichen Mächte überwunden. Das seelsorgliche Wirken Jesu Christi im Geist nach Pfingsten entspricht in seiner Gestalt dem Wirken des himmlischen Vaters in seinem menschgewordenen Sohn Jesus Christus. Was der dreieinige Gott tut, ist verborgen und nur verhüllt offenbar. Es kann darum auch nur im Glauben erfasst werden.

11. Die Seelsorge Jesu richtete sich an Gläubige und Ungläubige. Das gilt auch für die kirchliche Seelsorge heute. Sie ist prinzipiell für alle Menschen offen, für Kirchenmitglieder und Konfessionslose, für Getaufte und für Atheisten bzw. Agnostiker, für Christen und Nicht-Christen. Als Seelsorge im Raum der Freiheit verschweigt sie die Einladung zum Glauben nicht und verzichtet gleichzeitig auf jede Form von Manipulation.

Anhang:
Jesus als Seelsorger – Ein weithin
unerforschtes Feld

Obwohl die Evangelien von Seelsorgegeschichten geradezu über-
quellen, gibt es – abgesehen von wenigen Ausnahmen – aus der
neueren Zeit kaum Untersuchungen zur Seelsorge Jesu. Zu den
Ausnahmen gehören Werner Jentsch, der in den 1960er-Jahren in
seinem „Handbuch zur Jugendseelsorge" zwei größere Abschnitte
diesem Thema gewidmet hat[61], und Hartmut Bärend, der im Rahmen von Christian Möllers „Geschichte der Seelsorge in Einzelporträts" seelsorgliche Aspekte des Johannesevangeliums herausge-
arbeitet hat.[62] Dabei spricht Bärend nicht direkt über die Seelsorge
Jesu, sondern beschränkt sich ausdrücklich auf die seelsorgliche
Dimension von einzelnen Aussagen des Johannesevangeliums.
Auch vor dem Zweiten Weltkrieg gab es nur wenige kleinere Ar-
tikel, z. B. 1932 einen von Karl Heim unter dem Titel „Jesus als
Seelsorger".[63]

Etwas anders sah es im Umfeld der liberalen Leben-Jesu-Forschung vor und unmittelbar nach dem Ersten Weltkrieg aus.[64]
Damals war man überzeugt, das Bild des historischen Jesus aus
den Evangelien herausdestillieren zu können. Wenn man nur alle
legendenhaften und mythologischen Einkleidungen über Jesus in
den Evangelienberichten mithilfe der historischen Kritik entfernen
würde, träte der wirkliche, der historische Jesus hervor, so wie er
tatsächlich war. Zu diesem historischen Bild gehörten auch die seelsorglichen Züge seines Wirkens.

Grund für die seitdem zu beobachtende Zurückhaltung im Hin-
blick auf Jesu seelsorgliches Wirken ist das Scheitern der liberalen
Leben-Jesu-Forschung[65] und der Sieg der dialektischen Theologie
Karl Barths nach dem Ersten Weltkrieg. Beides führte zunächst

dazu, dass man die Frage nach dem historischen Jesus als wissenschaftlich unlösbar aufgab oder dieser auswich.

Für die liberale Theologie vor dem Ersten Weltkrieg war Jesus lediglich Vorbild für ein dem Willen Gottes entsprechendes Handeln. Mit der dogmatischen Aussage, dass Jesus der menschgewordene Sohn Gottes ist, konnte man wenig anfangen, da sie historisch nicht zu beweisen war. Die Auffassung der damaligen liberalen Theologie brachte Adolf von Harnack in klassischer Weise in seiner Berliner Vorlesung „Das Wesen des Christentums" von 1900 auf den Begriff: „Nicht der Sohn, sondern allein der Vater gehört in das Evangelium, wie es Jesus verkündigt hat, hinein."[66] Jesus ist hier lediglich ethisches Vorbild. Dem entsprach, dass die weltweite Durchsetzung der europäisch-nordamerikanischen Zivilisation und Kultur mit der Verwirklichung des Reiches Gottes identifiziert wurde. Diese Vorstellungen waren jedoch durch den mörderischen Ersten Weltkrieg desavouiert worden, den die christlichen Nationen Europas und Nordamerikas gegeneinander geführt hatten.

Barths Bestreben war es deshalb, den Ansatz der liberalen Theologie radikal hinter sich zu lassen. Im Zentrum seiner Kritik stand der Vorwurf, dass diese den Unterschied zwischen Gott und Mensch nivelliert hätte. Für Barth mussten Gott und Mensch stattdessen klar voneinander unterschieden werden. Aufgrund der Sünde besteht nämlich zwischen Gott und Mensch ein „unendlicher qualitativer Unterschied".[67] Barth ging von einer Verwüstungszone zwischen Gott und Mensch aus, die der Mensch von sich aus nicht zu überwinden vermag. Nur Gott selbst kann diese durch seine Offenbarung in Jesus Christus, der Bibel und der Predigt überbrücken. Allerdings war Barth der Überzeugung, dass Gott die Welt im Kommen Jesu Christi nur punktuell berührt hat – so wie die Tangente den Kreis nur an einem Punkt schneidet. Daher sind für ihn die Berichte der Evangelien über das Wirken Jesu mit den Kraterrändern zu vergleichen, welche die Meteoriteneinschläge des Redens Gottes auf der Erde hinterlassen haben.

Erst nach dem Zweiten Weltkrieg kam zunächst unter den

Schülern Rudolf Bultmanns wie Ernst Käsemann, Günther Born-kamm und Ernst Fuchs neue Bewegung in die Frage nach dem historischen Jesus.[68] Als Fundament des christlichen Glaubens reichte diesen nicht länger – wie noch für Bultmann – lediglich das „Dass des Gekommenseins Jesu" aus. Es musste mehr an historischem Wissen über Jesus von Nazareth zu gewinnen sein! Nach dieser sog. zweiten Frage nach dem historischen Jesus – die erste Frage der liberalen Theologie des 19. Jahrhunderts war, wie gesagt, als unlösbar zurückgewiesen worden – hat sich inzwischen eine „dritte" und eine „vierte" Frage nach dem historischen Jesus angeschlossen. Sie berücksichtigen sozialgeschichtliche Perspektiven und die verschiedenen Kontexte, in denen sich das Leben von Jesus abgespielt hat (zwischen Judentum und griechisch-römischer Kultur etc.), und hoffen so, dem historischen Jesus näherzukommen.

Ein Außenseiter blieb im Rahmen der zweiten Frage nach dem historischen Jesus der Tübinger Neutestamentler Peter Stuhlmacher, der davon überzeugt war: „... das Jesuszeugnis der synoptischen Überlieferung [ist] historisch viel verläßlicher, als weithin angenommen wird. *Der irdische Jesus und der von dieser Überlieferung bezeugte Christus sind nahezu deckungsgleich.*"[69] Stuhlmacher nahm damit Überzeugungen eines seiner Vorgänger, des bekannten Neutestamentlers Adolf Schlatter, auf, der davon ausging, dass die Apostel und in ihrer Nachfolge auch die Autoren der einzelnen Schriften des Neuen Testament sich im Glauben an Jesus Christus „der Wahrheitsregel" verpflichtet hätten.[70] Die Mehrheit der heutigen neutestamentlichen Bibelausleger an den Theologischen Fakultäten in Deutschland ist im Vergleich zu Schlatter und Stuhlmacher gegenüber der historischen Zuverlässigkeit der Evangelien skeptischer und schätzt den Anteil an späteren Gemeindebildungen z.B. bei den Wundererzählungen viel höher ein. Historisch ohne Weiteres plausibel ist die Ansicht, dass die Evangelien erkennen lassen, wie sich die frühe Christenheit an die Seelsorge Jesu erinnert und welche Form von Seelsorge sie sich gewünscht hat. Darüber hinaus ist unstrittig, dass die Seelsorgegeschichten und die Bilder und Titel für Jesus als Seelsorger in den Evangelien die christliche Seelsorge im Verlauf der Kirchengeschichte nachhaltig geprägt und immer wieder neu inspiriert haben.

Ich selbst neige der These Stuhlmachers zu und bin kritisch gegenüber allzu großer historischer Skepsis gegenüber dem in den Evangelien Berichteten. Mindestens ist auch in historischer Hinsicht davon auszugehen, dass sich in den Geschichten der Evangelien und in den Gleichnissen, Bildern und Titeln für Jesus dessen seelsorgliches Handeln niederschlägt, d. h. verdichtet hat. Schon von daher meine ich, dass es auch historisch legitim ist, ausgehend von den Evangelien Konturen der Seelsorge Jesu zu zeichnen. Das sollte im vorliegenden Buch geschehen.

Anmerkungen

1 Schalom Ben Chorin, *Bruder Jesus. Der Nazarener in jüdischer Sicht,* Neuauflage, Gütersloh 2005.

2 Vgl. Dietrich Bonhoeffer, *Widerstand und Ergebung. Briefe und Aufzeichnungen aus der Haft,* hg. von Christian Gremmels u. a., DBW, Bd. 8, Gütersloh 1998, 402; wieder abgedruckt in: Dietrich Bonhoeffer, *Du wartest jede Stunde mit mir. Die Briefe aus dem Gefängnis,* mit einer Einführung von Peter Zimmerling, Gießen 2019, 278.

3 Bonhoeffer, *Widerstand und Ergebung,* 559; wieder abgedruckt in: ders., *Aber bei dir ist Licht. Gebete, Gedichte und Gedanken aus dem Gefängnis,* mit einer Einführung von Peter Zimmerling, Gießen ²2020, 128.

4 So auch Heim, *Jesus als Seelsorger,* 18.

5 Die Paradoxität der Seelsorge Jesu lässt erstaunlicherweise eine Strukturanalogie zu Erkenntnissen der modernen Naturwissenschaften im Rahmen von Relativitätstheorie und Quantenphysik erkennen.

6 So die Formulierung von Heim, *Jesus als Seelsorger,* 21.

7 Vgl. dazu Jürgen Moltmann, *Der Weg Jesu Christi. Christologie in messianischen Dimensionen,* München 1989, 127.

8 Vgl. hier und im Folgenden Jentsch, *Handbuch der Jugendseelsorge, Teil I Geschichte,* 72; ders., *Handbuch der Jugendseelsorge, Teil II Theologie,* 27ff.

9 Vgl. Erik H. Erikson, *Identität und Lebenszyklus,* Frankfurt a.M. ⁴1977.

10 So der gleichnamige Titel des Buches: Helmut Thielicke, *Das Bilderbuch Gottes. Reden über die Gleichnisse Jesu,* Stuttgart 1957.

11 Vgl. Heinrich Spaemann, *Das Prinzip Liebe,* Freiburg i.Br. ²1989, 104-106.

12 A.a.O., 105.

[13] Vgl. z. B. Herbert Alexander Stützer, *Frühchristliche Kunst in Rom. Ursprung christlich-europäischer Kunst*, Köln 1991, bes. 21-29.

[14] Teresa von Ávila, *Das Buch meines Lebens (Vida)*, 37, 5, in: dies., *Werke und Briefe. Gesamtausgabe*, Bd. 1: Werke, hg., übersetzt und eingeleitet von Ulrich Dobhan/Elisabeth Peeters, Freiburg i.Br. 2015, 459.

[15] A.a.O., 8, 5, 174.

[16] A.a.O., 37, 6, 461.

[17] Vgl. dazu Karl Ernst Nipkow, *Erwachsenwerden ohne Gott? Gotteserfahrung im Lebenslauf*, München 1987; Friedrich Schweitzer, *Lebensgeschichte und Religion. Religiöse Entwicklung und Erziehung im Kindes- und Jugendalter*, München 1987. Beide nehmen Arbeiten von James W. Fowler, *Stages of Faith*, San Francisco 1981 und Fritz Oser/Paul Gmünder, *Der Mensch. Stufen seiner religiösen Entwicklung*, Zürich/Köln 1984 kritisch auf.

[18] Martin Luther, *Weimarer Ausgabe* (WA) 7, 336, 31-36, Schreibweise modernisiert.

[19] Vgl. Bonhoeffer, DBW, Bd. 8: *Widerstand und Ergebung*, 415; wieder abgedruckt in: ders., *Du wartest jede Stunde mit mir*, 284.

[20] Johann Albrecht Bengel, *Gnomon. Auslegung des Neuen Testaments in fortlaufenden Anmerkungen*, Deutsch von C.F. Werner, *Bd. 1: Evangelien und Apostelgeschichte*, Stuttgart 1970, 382.

[21] Martin Luther, *Vorlesung über den Römerbrief 1515/1516*, hg. von J. Ficker, *Teil 2: Die Scholien*, Leipzig ³1925.

[22] Vgl. dazu: *Aufrichtige Erzählungen eines russischen Pilgers*, hg. und eingeleitet von Emmanuel Jungclaussen, Freiburg u. a., 1974; Emmanuel Jungclaussen, *Unterweisung im Herzensgebet* (Schriftenreihe des Patristischen Zentrums Koinonia – Oriens, Bd. 46), St. Ottilien 1999.

[23] Vgl. z. B. Martin Luther, *Großer Katechismus*, Erklärung zum Glaubensbekenntnis, Schluss: „Denn er [Gott] hat uns eben dazu geschaffen, daß er uns erlösete und heiligte."

[24] Vgl. Thomas Spidlik, „Das russische Starzentum als Theologie

des Herzens" in: *Tausend Jahre Christentum in Rußland*, hg. von Karl Christian Felmy u. a., Göttingen 1988, 123-130.

[25] A.a.O., 123.

[26] Karl Heussi, *Ursprung des Mönchtums*, Tübingen 1936, 171ff.

[27] Athanasius, *Vita Antonii*, hg. von Adolf Gottfried, übersetzt von Heinrich Przybyla, Leipzig 1986, 60.

[28] Paul Schütz, *An den Menschen. Vom Verstehen zum Verwandeltwerden*, Gesammelte Werke, Bd. 4, Moers 1985, 238.

[29] Heim, *Jesus als Seelsorger*, 21.

[30] Vgl. Rudolf Otto, *Das Heilige. Über das Irrationale in der Idee des Göttlichen im Verhältnis zum Rationalen*, Breslau 1917 (seitdem viele Auflagen).

[31] Ernst Bloch, *Prinzip Hoffnung*, Bd. 3, Frankfurt a.M., 380.

[32] Martin Luther, WA, 10, 3; 18, 8-19, 7 (Schreibweise modernisiert).

[33] Dietrich Bonhoeffer, *Illegale Theologenausbildung: Finkenwalde (1935–1937)*, hg. von Otto Dudzus/Jürgen Henkys, DBW, Bd. 14, Gütersloh 1996, 554-591 (562 u.ö.).

[34] Die Bezeichnung erstmals bei Ulrich Stutz, *Die päpstliche Diplomatie unter Leo XIII. nach den Denkwürdigkeiten des Kardinals Domenico Ferrata*, Berlin 1926, 54.

[35] Vgl. Bonhoeffer, DBW, Bd. 8: *Widerstand und Ergebung*, 560; wieder abgedruckt in: ders., *Aber bei dir ist Licht*, 129.

[36] Vgl. hier und im Folgenden Michael Welker, *Missionarische Existenz heute*, Evangelische Theologie 58, 1998, 413-424.

[37] Eugen Biser, „Auf dem Weg zu einer therapeutischen Theologie. Gedanken zur Wiedergewinnung einer verlorenen Dimension", in: *Lebendige Seelsorge* 38 (1987), 1-12; ders., „*Das Christentum ist eine therapeutische Religion*". *Fragen zur Situation von Glaube und Christentum an Eugen Biser*, Herder Kommentare 48 (1994), 452-458.

[38] So auch Michael Meyer-Blanck, *Inszenierung des Evangeliums. Ein kurzer Gang durch den Sonntagsgottesdienst nach der Erneuerten Agende*, Göttingen 1997, 133.

[39] Nikolaus Ludwig von Zinzendorf, *Homilien über die Wundenlitanei*, 1747, wieder abgedruckt in: ders., *Hauptschriften*, hg. von Erich Beyreuther/Gerhard Meyer, Bd. 3, Hildesheim 1963, 384.

[40] Vgl. dazu Michael Welker, „Die Wirklichkeit der Auferstehung", in: Hans-Joachim Eckstein/Michael Welker (Hg.), *Die Wirklichkeit der Auferstehung*, Neukirchen-Vluyn 2002, 317f.

[41] Das Nietzsche-Wort: „Bleibt der Erde treu" in: Friedrich Nietzsche, *Also sprach Zarathustra*, Vorrede, 3.

[42] Vgl. hier und im Folgenden Volker Weymann, Hiob, in: *Möller, Geschichte der Seelsorge in Einzelporträts*, Bd. 1, 45 ff.

[43] Claus Westermann, *Die Rolle der Klage in der Theologie des Alten Testaments*. Gesammelte Studien, Bd. 2 (Theologische Bücherei, Bd. 55), München 1974, 254.

[44] Martin Luther, WA, 6, 206.

[45] Klaus Deppermann, *Protestantische Profile von Luther bis Francke*, Göttingen 1992, 107.

[46] Jüngerhausdiarium (JHD), 25. 10. 1757, zit. nach: Hans-Christoph Hahn/Hellmut Reichel (Hg.), *Zinzendorf und die Herrnhuter Brüder. Quellen zur Geschichte der Brüder-Unität von 1722–1760*, Hamburg 1977, 265.

[47] R 2a, 4, 1, 96 (Unitätsarchiv Herrnhut), zit. nach Otto Uttendörfer, *Zinzendorfs Weltbetrachtung. Eine systematische Darstellung der Gedankenwelt des Begründers der Brüdergemeine* (Bücher der Brüder, Bd. 6), Berlin 1929, 259.

[48] Vgl. Helmut Thielicke, *Auf der Suche nach dem verlorenen Wort. Gedanken zur Zukunft des Christentums*, Hamburg 1986, 13-15.

[49] So auch Werner Jentsch, *Der Seelsorger: beraten, bezeugen, befreien. Grundzüge biblischer Seelsorge*, Moers ³1984, 67 u.ö.

[50] Vgl. dazu den Film *Yentl* (Barbara Streisand, USA 1983).

[51] Klaus Berger, *Darf man an Wunder glauben?*, Stuttgart 1996.

[52] A.a.O., 166ff.

[53] Vgl. im Einzelnen a.a.O., 70ff.

[54] Bonhoeffer, DBW, Bd. 8: *Widerstand und Ergebung*, 541; wieder abgedruckt in: ders., *Du wartest jede Stunde mit mir*, 360.

[55] Vgl. zur antiken Auffassung die *Antigone* von Sophokles (z. B. Stuttgart 1981, Griechisch/Deutsch).

[56] Gerhard Ebeling, „Der theologische Grundzug der Seelsorge Luthers", in: *Luther als Seelsorger*, hg. von Joachim Heubach, Veröffentlichungen der Luther-Akademie e. V., Ratzeburg, Bd. 18, 2., verbesserte Auflage, Erlangen 1991, 42.

[57] Ignatius von Loyola, Exerzitienbuch, 15. Anweisung.

[58] Vgl. Jay E. Adams, *Befreiende Seelsorge. Theorie und Praxis der biblischen Lebensberatung*, Gießen/Basel 1972; vgl. zu Adams Ansatz auch Rolf Sons, *Seelsorge zwischen Bibel und Psychotherapie. Die Entwicklung der evangelischen Seelsorge in der Gegenwart*, Calwer Theologische Monographien, Reihe C, Bd. 24, Stuttgart 1995, 93-112.

[59] So Walter Rebell, *Psychologisches Grundwissen für Theologen*. Ein Handbuch, München 1988, 187 (Hervorhebungen im Text).

[60] Vgl. den gleichlautenden Titel des Buches von Dorothee Sölle, *Es muß doch mehr als alles geben. Nachdenken über Gott*, München 1995.

[61] Werner Jentsch, *Handbuch der Jugendseelsorge, Teil I: Geschichte der Jugendseelsorge*, Gütersloh ²1977, 64-75; ders., *Handbuch der Jugendseelsorge, Teil II: Theologie der Jugendseelsorge*, Gütersloh ²1977, 26-57.

[62] Vgl. Hartmut Bärend, „Johannesevangelium", in: Christian Möller (Hg.), *Geschichte der Seelsorge in Einzelportrats, Bd. 1: Von Hiob bis Thomas von Kempen*, Göttingen 1994, 69-78.

[63] Karl Heim, „Jesus als Seelsorger", in: *Leben aus dem Glauben. Beiträge zur Frage nach dem Sinn des Lebens*, Berlin 1932, 17-25.

[64] Gerhard Kittel, *Jesus als Seelsorger*, 1917 (in: Zeit- und Streitfragen des Glaubens, der Weltanschauung und Bibelforschung, Reihe IX, Heft 7); Renatus Hupfeld, *Jesus als Seelsorger*, Schwerin ²1929; vgl. dazu Jentsch, *Handbuch der Jugendseelsorge*, Teil I, 64-70, der eine Darstellung und kritische Würdigung der genannten Arbeiten gibt.

[65] Vgl. dazu Albert Schweitzer, *Geschichte der Leben-Jesu-Forschung*, UTB, Tübingen ⁹1984 (1. Auflage 1906).

[66] Adolf von Harnack, *Das Wesen des Christentums*, Gütersloh 1977.

[67] So Karl Barth in Aufnahme eines Wortes von Sören Kierkegaard im Vorwort von 1921 zur zweiten Auflage seines *Römerbrief-Kommentars* (12., unveränderter Abdruck der neuen Bearbeitung von 1922, Zürich 1978, XIII).

[68] Vgl. zu den in den letzten zweihundert Jahren sich ablösenden Fragen nach dem historischen Jesus die Zusammenfassung bei: Michael Welker, *Gottes Offenbarung. Christologie*, Neukirchen-Vluyn 2012, 54-90.

[69] Peter Stuhlmacher, *Wie treibt man biblische Theologie*, Neukirchen-Vluyn 1995, 87; Hervorhebungen im Text.

[70] Vgl. z. B. Adolf Schlatter, *Die Theologie der Apostel*, Stuttgart ³1977 (Nachdruck der 2. Auflage 1922), 528.

Dietrich Bonhoeffer

Freiheit zum Leben

Ausgewählte Texte zur Ethik

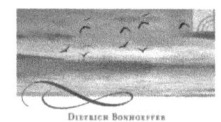

208 Seiten, gebunden
ISBN Buch 978-3-7655-3763-9
ISBN E-Book 978-3-7655-7626-3

Dietrich Bonhoeffers Gedanken zur Ethik bleiben auch heute noch herausfordernd: Bonhoeffer wusste, dass er als Christ Verantwortung trägt, dem Unrecht zu wehren. Was aber bedeutet es, wenn er dabei Schuld auf sich laden muss, wenn er „dem Rad in die Speichen" fallen und sich am Widerstand gegen Hitler und damit an einem Mord beteiligen muss?

Wer den Widerstandskämpfer Bonhoeffer verstehen will, muss seine „Ethik" kennen. Hier sucht er nach Antworten, wie sich Nachfolge Jesu im Alltag konkret gestaltet, denkt über die Unterscheidung von letzten und vorletzten Dingen nach und entwickelt seine Lehre von den vier biblischen Mandaten – Arbeit, Ehe, Obrigkeit und Kirche –, mit der er die Vorstellung überwand, dass Kirche und Staat voneinander unabhängige Schöpfungsordnungen sind, der Staat also seine Angelegenheit regeln kann, ohne auf die Gebote Gottes zu hören.

Diese Ausgabe enthält eine repräsentative Auswahl, die auch für Nichttheologen verständlich ist. Eine Einführung von Peter Zimmerling zu den einzelnen Texten macht Hintergrund und Bedeutung der Aussagen Bonhoeffers deutlich.

BRUNNEN VERLAG GIESSEN
www.brunnen-verlag.de